CLUBSPOTTING 3.0

Into the Mixed Media Culture

A CURA DI:

Paolo Davoli & Gabriele Fantuzzi

CONTRIBUTI DI:

Federico A. Amico, Matteo Bittanti, Bochum Welt, Lorenzo Brusci,
Enrico Marani, Roberto Paci D'Alò Robert Rebotti, Dj Spooky

TRADUZIONI:

Giorgia Caminati, Matteo Bittanti, Chiara Romanelli

EDITED BY

Paolo Davoli & Gabriele Fantuzzi

CONTRIBUTIONS BY:

Federico A. Amico, Matteo Bittanti, Bochum Welt, Lorenzo Brusci,
Enrico Marani, Roberto Paci D'Alò Robert Rebotti, Dj Spooky

TRANSLATED BY:

Giorgia Caminati, Matteo Bittanti, Chiara Romanelli

happybooks

Clubspotting 3.0

Into the Mixed Media Culture

Esposizione / Exhibition:
23.06 / 21 .08.2005 . Chiostri di S. Domenico . Reggio Emilia . Italy

Promotori / *Promotors:*
Maffia music club
Comune di Reggio Emilia
Assessorato Cultura

In collaborazione con / *with the collaborations of:*
Comune di Reggio Emilia
ARCI Nuova Associazione
Delicatessen, Happy books
Kom Fut Manifesto, IOD, Ultratomato

Direzione Artistica/ *Art direction:*
Robert Rebotti & Gabriele Fantuzzi (Delicatessen)

Copertina / *Cover:*
Robert Rebotti Jacklamotta

ISBN: 88-86416-60-1

Clubspotting 3.0 © 2005 First published in Italy by Happy Books srl

Thanks to all involved in and around CLUBSPOTTING 3.0 book, way too many to mention,
but you all know who you are...

Website:
http://clubspotting.maffia.it

teis albers, hypnoteis . the netherlands

Index

Introduzione

a. Storicizzazione e fenomenologia

Sono passati quattro (!) anni dall'ultima edizione di Clubspotting.
Clubspotting 1.0 (2000 A.D.) – Clubspotting 2.0 (2001 A.D.)
In entrambi i casi è stata condotta un'indagine sul "nuovo" fenomeno della Club Culture, portatore di fascinazioni, incognite, energie. Attraverso lo svolgersi delle due manifestazioni e la pubblicazione dei due volumi si è proceduto ad una prima codifica di quel maelstrom. Attorno alle espressioni musicali, come fossero un vortice, si è aggregato, per forza centripeta, un intero immaginario capace di assorbire suggestioni provenienti da grafica, design, arte, architettura, cinema, filosofia.
Al volgere del nuovo millennio in questo ambito sembrava potersi rappresentare la nuova frontiera espressiva, forte di numerosi contributi di rilievo da parte di musicisti, grafici, designer, architetti, registi e filosofi. Poi qualcosa sembra essersi rotto. La spinta propulsiva di quanto sopra si è stemperata in un processo comunicativo *tout court* (almeno in Italia), privo di quelle caratteristiche di rigore e identità che avevano animato quella stagione.

b. Destruens

E' opinione di chi scrive che proprio quel fermento che si era provato a codificare qualche anno fa abbia esaurito i propri enzimi. Le visioni di un futuro animato dai soli clubbers sono man mano sfumate quanto più mass media e mainstream hanno assorbito gli stilemi di quella Club Culture senza preoccuparsi del suo rinnovo. Street wear, grafica, video, narrativa vanno in buona parte ripetendo quello che per tutti gli anni '90 aveva segnato un punto di rottura nell'immaginario metropolitano, rendendolo consueto ma nello stesso tempo privo di quella carica "rivoluzionaria" che inizialmente diceva di avere.

c. Costruens

Tuttavia non tutto sembra perduto. E' come se ci si fosse presi un bel respiro prima di un nuovo salto nel buio. La "stagnazione" degli ultimi anni ha sì, da un lato, svuotato di senso molte delle produzioni recenti, ma nello stesso tempo ha reso maggiormente consapevoli gli attori della Club Culture dei mezzi a propria disposizione.
Innanzi tutto il fenomeno ha marcato ancor più la propria matrice europea, abbandonando il centralismo britannico, rinvigorendosi in tutti gli stati dell'unione: dalla Germania alla Spagna, dalla Francia all'Italia, dalla Croazia all'Olanda. L'immaginario si muove e si contamina nella deterritorializzazione dei contributi, fa propria interamente la matrice tecnologica e intesse rapporti e relazioni che definitivamente abbattono i confini geo-politici.
S'inizia insomma a prefigurare non più un semplice immaginario da club, ma un vero e proprio immaginario elettronico metropolitano che trova momenti alti allorquando l'ibridazione dei generi e meticciato dei mezzi assurgono a principio topico della propria espressività.
Quella rivoluzione tecnologica che ci ha consegnato le figure del DJ e del Produttore di musica elettronica si è fatta ancor più pervasiva e ha definitivamente coinvolto anche gli altri ambiti di quell'immaginario inizialmente aggregato all'ambito musicale. Ogni nuova produzione mostra una nuova consapevolezza relativamente agli impieghi di se stessa e non prescinde più dall'integrazione con altri strumenti (e.g.: la serata nel club risulta innocua se non riesce a rappresentare interamente quell'immaginario sostanziandosi dei contributi video, grafici, letterari, ...).

d. Sintesi

Ora siamo di nuovo qui a tracciare un percorso che cerca di rendere conto di questa mutazione.
Un altro punto di partenza, insomma, da cui osservare il mare magnum dei mixed media.

Federico A. Amico

teis albers, hypnoteis . the netherlands

Intro

a. Historicization and phenomenology

Four years have gone by (!) since the last Clubspotting edition.
Clubspotting 1.0 (2000 A.D.) – Clubspotting 2.0 (2001 A.D.)
In both cases a survey has been carried out about the “new” Club Culture phenomenon, the bearer of enchantment, unknown elements, energies. Through the unfolding of the two performances and the publishing of the two volumes a first attempt had been made in order to codify that *maelstrom*.
Around the musical expressions, as if it were a vortex, a whole imaginary world aggregated, by centripetal force, capable of absorbing suggestions coming from graphics, design, art, architecture, cinema, philosophy. At the turn of the new millenium it seemed that it was possibile to represent a new espressive frontier in this domain, strong of a number of remarkable contributions by musicians, graphics, designers, film directors and philosophers. Then, it seemed as if something got broken. The propelling thrust mentioned above diluted in a “*tout court*” comunicative process (in Italy, at least), lacking in those characteristics of rigour and identity that had breathed life into that season.

b. Destruens

It is in the writer’s opinion that the turmoil of which we attempted a codification some years ago has exhausted its enzymes. The visions of a future inhabited by clubbers only has slowly faded away the more the mass media and mainstream have absorbed the stylistic features of the Club Culture, careless of its renewal. Street wear, graphic, video, narrative fiction are mainly repeating that which during the 1990s had marked a breaking point in the metropolitan imagination, making it usual though devoid of the “revolutionary” impetus that it boasted at first.

c. Costruens

However, all is not lost. It is as if a big breath had been taken before a new shot in the dark. Last years’ “slackness” has, on the one side, emptied many of the recent productions of all meaning, but at the same time it has made the Club Culture actors more aware of the tools at their disposal.
First of all, the phenomenon has marked once again its European framework, leaving aside the British centralism, toning up in all the other states of the union: from Germany to Spain, from France to Italy, from Croatia to the Netherlands. The imagination moves and mixes in the deterritorialization of the contributions, masters the technological matrix completely and intertwines relationships that knock down geopolitical boundaries for good.
Not only a simple club imagination starts to foreshadow, but a true metropolitan electronic imagination that finds elevated moments as soon as the hybridization of genres and the cross-breed of means ascend to the topical principle of its own expressiveness.
The technological revolution that has handed us over the DJ and Electronic Music Producer figures has become more and more pervasive and has involved for good the other domains confined to the musical field at first. Any new production reveals a new consciousness relevant to its use and does not disregard the integration with other instruments (e.g.: a night at the club is “harmless” if it fails to represent in full that imagination substantiating it in video, graphic, and literary contributions...)

d. Synthesis

We are here again, to mark out a route that tries to give account of this mutation. Another starting point, in brief, from which to observe the horde of the mixed media.

Federico A. Amico - [Translated by Giorgia Caminati]

Musica elettronica e demiurghi digitali

Paolo Davoli

"Il tempo passa solo se il prima diventa quell'altro dal prima che è il poi"
(Emanuele Severino)

Pressanti quesiti si pongono all'ordine del giorno: con che cosa si misura l'artista elettronico contemporaneo prima che bussi la mezzanotte profonda? Il palcoscenico del dancefloor – la mitica "pista da ballo" - è ancora il luogo privilegiato in cui l'artista elettronico svolge la propria azione? Non sono forse necessari un nuovo stadio evolutivo e una nuova prassi emancipatrice per questa figura d'artista?

Sull'immagine dell'artista elettronico contemporaneo si sono addensate nel corso degli anni – e in particolar modo dalla sua esplosione mediatica degli anni Novanta – alcune mitologie tipiche della nostra società di massa – di cui lo status del dj come **stella** alternativa al rock stardom è la più evidente – ma anche alcuni tratti, che qui cercheremo di definire con maggiore esattezza, con i quali questa figura di nuovo artista rivela caratteristiche del tutto inconsuete e "autonome" che lo fanno differire sia da altri artisti/musicisti appartenenti al cosiddetto mondo "pop" sia da altre espressioni artistiche extra musicali.

L'uomo nella sua totalità biologica - e di conseguenza anche il musicista elettronico contemporaneo - è un animale **tecnico** carente, dove la sua carenza è relativa alla scarsa adattabilità ad

raster-noton, view of the exhibition Attitudes, 2004

raster-noton, Archiv I, 2004

Carsten Nicolai, Telefunken (version 2), 2003

Electronica and Digital Demiurges

Paolo Davoli

"Time flows only if *before* becomes something else from itself, namely *later*"
(Emanuele Severino)

Burning issues dominate the debate these days: what is the contemporary electronic artist trying to accomplish before the midnight hour comes? Is the dance floor stage – the legendary dancing floor – still the privileged place for the electronic artist's action? Are we waiting for a new evolutionary step, a new kind of emancipation for this artistic subject?

The role of the contemporary electronic artist has become almost mythological. Mass culture manufactures mass myths: one of these revolves around the DJ as an alternative star to rock stardom. But there's much more to it. The DJ is a peculiar, unusual, and independent figure. He is different from other pop stars and from other artistic expressions that transcend the music sphere.

Human beings – *yes, the DJ, too!* – are *technical animals with a lack.* This lack relates to their low adaptability to a specific environment. To counteract this lack, human beings have turned to technology. Thanks to tools they have developed, they have been able to convert a major weakness – their environmental indeterminacy – into strength. At the same time, this biological deficiency has led mankind to create a world

un ambiente ben definito. Alla propria carenza, l'uomo ha sopperito con l'utilizzo di quegli strumenti tecnologici che gli permettono di volgere a proprio favore la propria indeterminatezza ambientale. La carenza biologica nei confronti del mondo esistente ne ha altresì enfatizzato l'apertura verso la costruzione del mondo. Il mondo attuale ha come caratteristica la straordinaria densità di flussi, informazioni, segni, relazioni dialettiche, rimodulazioni spaziali e temporali. I musicisti elettronici contemporanei sono quindi chiamati – a causa del loro calarsi nella dimensione totalizzante della tecnica e per il loro destino di attraversamento della **densità** contemporanea - a costruire il mondo con nuovi paradigmi e nuove strategie.

Dj Spooky definisce il dj come **spatial engineer of the invisible city,** delineando in tal modo la **funzione** tecnica, ancor prima che sociale, del flusso inarrestabile dei suoni assemblati dal **deejaying** e il luogo – la città invisibile dei flussi disincarnati – ove questa funzione viene espletata. Ma chi è oggi, veramente, l'artista elettronico? E' colui che ha la capacità di agire trasformando, di forgiare e organizzare energie, di plasmare concretamente il mondo che **diviene. L'artista elettronico è colui che è chiamato a fare mondo.** Il luogo della sua azione è la società in profonda trasformazione in cui siamo immersi; il mondo che **diviene** è incessante, disordinato, ordalico di dati. Come semplificarlo? Come organizzarlo? Come renderlo comprensibile? Come tradurlo in suoni? Possiamo azzardare l'ipotesi di un artista demiourgos in senso platonico, quindi sia

Carsten Nicolai . frozen water (glass flasks, water, platforms, rubber, amplifier, controller, mixer, accoustic wave cannon's, electronic equipment, dimensions variable)
Installation shot Venice Biennial.
2001 courtesy Galerie EIGEN + ART Leipzig/Berlin

in which they do not fully belong to. Today's world is a flux of information, signs, spatial and temporal modulations, and dialectical relationships. The contemporary electronic artists are on a mission: they are *structuring* the world with new paradigms and new strategies. In fact, deejays *fully immerse* themselves into the technological sphere. Moreover, it is their fate to be ramblers in that *density* otherwise knows as the *contemporary world*.

According to DJ Spooky, the DJ is a *spatial engineer of the invisible city*. This definition emphasizes the *technical* over the *social*, the unstoppable fluctuation of assembled sounds that constitutes both the art of *deejaying* and the place – the invisible city of disembodied fluxes – where this practice happens. Who is the electronic artist? And why does he *matter*? The electronic artist is the one that possesses the skills to alter, shape, and orchestrate energies. He's the one who concretely sketches the *shifting world*. The electronic artist is *the one who's in charge of creating the world*. The place of action is our society, a society that is dramatically changing as we write/read these words. The *shifting world* is chaotic, incessant, data loaded. How can we simplify this *complexity*? How can we organize this *density*? How can we make it intelligible? How can we translate it into sounds? The answer is that the electronic artist is also a demiurge in a Platonic sense. He is an artisan and a magistrate, i.e., a sensitive designer and a master of techniques. Thus, the contemporary demiurge is *digital* because he uses a technical language. This language is rational, dialectic, communicable, and concrete. He regards

artigiano sia magistrato – magistrato inteso come costruttore e ordinatore **sensibile** delle tecniche. Il demiurgo contemporaneo è quindi **digitale** in quanto utilizza un **linguaggio tecnico** razionale, dialettico, trasmissibile e concreto. Conosce **l'ambiente come caos** perché sa che è l'ambiente di tutti gli ambienti, saturo di spazi che si intersecano incessantemente, in movimenti disordinati ma **vitali.** Costruisce su questo concetto di caotico ambiente iper-mediale la propria capacità di trasporre in meta-narrazioni soniche il suo **farsi mondo.** Costruire significa temporalizzare, rendere tempo la narrazione del **mondo che diviene.** Il tempo quindi come **campo di sfida,** come trasformazione del caos in cosmo comprensibile.

Il tempo è il nuovo campo privilegiato della sfida a venire. *La conquista del tempo sta rimpiazzando quella dello spazio come priorità significativa ed obiettivo del nostro mondo presente* (De Kerckhove, 2003). Il demiurgo digitale concepisce la propria possibilità o potenza a partire dal nuovo linguaggio mediale impregnato di tempo. Un tempo che viene a definirsi come atomicamente frattalizzato, nano-segmentato da particelle crono-microscopiche, modellato da processi ultraveloci e mini-eventi di durata infinitesimale che incidono in profondità, colmi di significato. Come definire altrimenti, se non il primato del tempo reale circolare, la capacità odierna del produttore elettronico contemporaneo di organizzare timing complessi di beat spezzati in 1/128, con campioni tagliati al millisecondo e poi delay, loop, dubbing, editing, timestretching, etc - tutti strumenti della tricknology da laboratorio soffice di registrazione che ridefiniscono in profondità il concetto di temporalità non

syn chron - installation l: 12 m, b: 8,60 m, h: 4,50 m
2005 einzelausstellung - neue nationalgalerie, berlin
2001 courtesy Galerie EIGEN + ART Leipzig/Berlin

the *environment as chaos* – the uber- environment – replete with intersecting spaces, chaotic, yet *vital* trajectories. The DJ manipulates this *chaotic environment*, transforming aural meta-narratives until they *become part of the world*. The act of building consists in changing the *shifting world* narratives into *time*. Therefore, time is a *playing field*, the transformation of chaos into an intelligible cosmos.

Time is the new privileged field in the coming challenge. "In our current world, the conquering of time instead of space has become a major priority" (De Kerckhove, 2003). The digital demiurge creates his possibility or potency with a new mediated language that is *impregnated with time*. This time is atomic, fractal-like, nano-segmented in crono-microscopical particles, shaped by ultra-fast processes and mini-events of infinitesimal length and macroscopic meanings that are nonetheless crucial. How can we define the contemporary electronic artist's ability to organize complex broken beats in 1/128, with millisecond cut samples, delay, loop, dubbing, editing, time stretching? These instruments of *tricknology* can only be found in a *soft recording studio*. Their function is to redefine the notion of temporality for the digital demiurge but also for the increasingly miniaturized user. Our age is marked by the supremacy of *circular real time*. The sublimation of real time has finally been accomplished: the sequential linearity of narrative is broken up. The very notion of time is under attack: *before* and *after* – that is, past and future as prospective forms of time – have been discarded.

solo del demiurgo digitale ma anche del fruitore miniaturizzato. La sublimazione del tempo reale è compiuta: la linearità sequenziale della narrazione temporale è in frantumi. Il concetto stesso di tempo è in crisi; il prima e il poi ovvero il passato e il futuro come forme prospettiche del tempo sono congedati.

"Temporalità e storicità perdono il loro carattere progressivo, di evoluzione; dovranno invece essere ripensate all'interno delle categorie dell' a-temporalità e della a-storicità, rovesciando gli assunti della tradizione storicista moderna." (RENATO RIZZI)

Nel suo intervento Project for a Nonument, scritto per il cd Transvision di Alva Noto, moniker dell'artista berlinese Carsten Nicolai, Kodwo Eshun descrive come possibility space quello spazio anti-materico e post-architettonico dove i clicks, i sincopati e la tessitura elettronica dei suoni costruiscono un anti-edificio, il nonumento, assemblato dal tempo, nel tempo e oltre il tempo. Questo non monumento, termine sampled dal lavoro del fotografo Gordon Matta Clark, è forse quello spazio intuitivo dove il suono si connette con l'immagine. Connessione quanto mai rivoluzionaria, in quanto le possibilità future del demiurgo digitale emergono e si arricchiscono grazie al suonoimmagine, dimensione artistica totalmente free in cui appaiono gli artisti che utilizzano i nuovi media come il veejay, il sound designer e il sound artist. L'estetica circolare generata dalla commistione tra immagini e suoni è il risultato di anni di sperimentazione esperiti da artisti ansiosi di valicare i limiti angusti dell'essere artista visivo o acustico; tale transvision è resa ancora più esplicita e praticabile dall'ultima generazione di software come, ad esempio, Sonic Wire Sculpture.

"Temporality and historiography lose their progressive, evolutionary quality; they must be redefined as a-temporality and a-historiography, thus removing the foundations of the modern historical tradition" (RENATO RIZZI).

In his essay "Project for a *Nonument*" written for Alva Noto's *Transvision* CD (aka Berlin artist Carsten Nicolai), Kodwo Eshun introduces the notion of the 'possibility space', the immaterial, post-architectonic space where clicks, syncopated passages, and the electronic texture of sounds construct an anti-edifice, the *nonument*, assembled *by* time, *in* time, *beyond* time. This *nonument* – which I sampled from photographer Gordon Matta Clark's work – is perhaps that intuitive space where sounds and image intermingle. This connection is *revolutionary*. The future possibilities of the digital demiurge emerge in

bausatz noto ∧N [1998] - carsten nicolai, schirn kunsthalle frankfurt - ©2005

La generazione continua di forme e suoni, con l'obiettivo di una nuova estetica di digital poetry rende ancora più obsoleti i vecchi canoni di metrica, esecuzione, composizione, notazione del musicista dei secoli passati. Matematica e poetica digitale, suono e visione, interdisciplinarietà e metafisica della connettività, sono i costrutti del nonumento che attraversa coraggiosamente le nuove mappe mobili del mondo che diviene.

Tempo addietro la soggettività era lo scopo dell'arte. Dato che ora è il processo il motore di questa nuova comunità virtuale che è la generazione elettronica, il demiurgo digitale propone, attraverso la connettività in tempo reale, un nuovo mandato progettuale dove la componente soggettiva precipita e si scioglie in nuova comu-

polar [2000] - carsten nicolai, schirn kunsthalle frankfurt - ©2005

an enriched form thanks to the *sound-image*, a completely free artistic dimension inhabited by new media artists such as the *veejay*, the *sound designer*, and the *sound artist*.

The circular aesthetic generated by the mélange of images and sounds is the result of years and years of experimentation. This long process was undertaken by artists that were anxious of crossing oppressive boundaries, such as those that enfold the *aural* or the *visual artist*. The latest generation of software, e.g. *Sonic Wire Sculpture*, has made this *transvision* even more overt and practical. The uninterrupted generation of forms and sounds is creating a new aesthetic of *digital poetry*, making the traditional canons of metrics, execution, composition, and notation completely obsolete. Mathematics and digital poetry, sound and vision, *crossmedia* and metaphysics of connectivity, constitute the basics of the *nonument*, which bravely traverses the new mobile maps of the *shifting world*.

Subjectivity used to be the purpose of art. Nowadays, *process* has become the engine of a new virtual community, the electronic generation. Real-time connectivity allows the digital demiurge to start a new project where the *subject* plummets and melts into a *theoretical community*. The outcome is constantly thrown back into the game through cut-up, sampling, mixing and emotional juxtaposition techniques. The proliferation of the 'final outcome' floats in an "open-work" space, very common in the Net-society, both as a *transitory result* of the work of art and as a potential action of *external agents* that can intervene by manipulating content and form (think, for instance, of web-remixes). The intervention from

nità teorica; il risultato è costantemente rimesso in gioco attraverso le tecniche di cut-up, di sampling, di mixing, di giustapposizione emozionale. La proliferazione del risultato finale fa sì che ogni atto si situi in uno spazio da "opera aperta", tipico della Web-society, sia come risultati transitori dell'opera stessa sia come azione potenziale di agenti esterni in grado di intervenire manipolando contenuti e forma (ad esempio il Remix in Rete). Ciò che interviene dal mondo in divenire, in termini di cesura, di sovrapposizione, di innesto, di scelta in ultima analisi, su una linearità pre-esistente produce un nuovo linguaggio che si apre con lucidità a una nuova socialità umana.

> *"L'estetica contemporanea è colpita da un urto teorico potente quanto inatteso: la categoria del soggettivo e dell'individuale viene sostituita dalla categoria dell'oggettivo e universale"*
> (E. SEVERINO)

La tecnologia ha espanso la potenzialità artistica creando identità multiple sempre cangianti. La condizione dell'artista elettronico contemporaneo è mutata sotto l'urto del cambiamento epocale dello scenario spazio/temporale in cui si trova ad operare. Ora è il disincanto della **transitorietà** o dei **differenti stati di transitorietà** che lasciano l'opera – non solo musicale - in uno stato di **sospensione permanente** a misurare la distanza del XXI secolo rispetto al Novecento del Mercato dell'Opera d'arte. Il nuovo artista mediatico si potrebbe declinare al plurale come summa di **intelligenze collettive al lavoro;** infatti l'artista contemporaneo è bio-disposto alla metamorfosi come condizione definitiva. Lo spostamento della "genialità artistica" si sposta dal "genius" – la natalità romantica del singolo artista - alla "scenius" cioè alla "genialità della

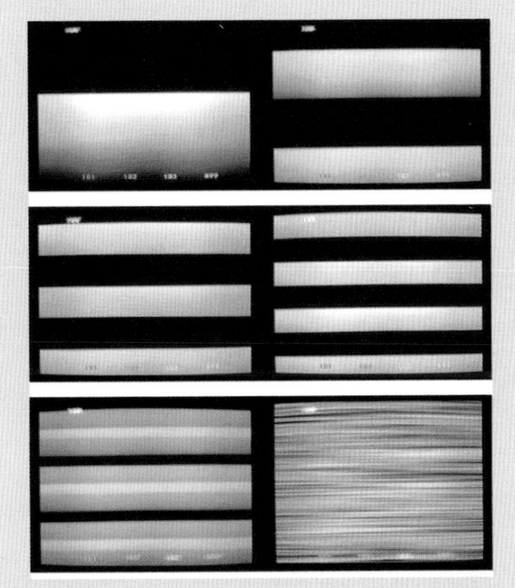

telefunken [2000]
carsten nicolai, schirn kunsthalle frankfurt - ©2005

the *shifting world*, in terms of closure, overlapping, implants, ultimately *choice*, produces a new language that cogently opens up a new form of human sociality. So long, linearity.

> *"The contemporary aesthetics are struck by a powerful, unexpected theoretical shock: as a result, the categories of the subject and of the individual are replaced by the categories of the objective and the universal"* (EMANUELE SEVERINO).

Technology has greatly expanded the artistic potential by creating multiple shifting identities. The condition of the contemporary electronic artist has mutated because of the seismic change in the spatial/temporal scenario in which he operates. The disenchantment of the transitory – or the *different states of the transitory* – that leaves the work in a state of permanent suspension marks the distinction between the

scena" intesa come corpo collettivo intelligente che si muove in comunità allargate e il cui risultato collettivo è condiviso da una pluralità di artisti i quali si riconoscono – anche temporaneamente – in un determinato "ambiente estetico" che si modifica e procede per micro-linee evolutive continue e radianti (ad esempio la "scena" del drum and bass). Queste linee radianti possono essere sia evolutive che involutive, essendo le **scenius** organismi aperti in cui – di volta in volta – gli attori si aprono e si chiudono territorializzandosi e deterritorializzandosi continuamente come si trattasse di un organo a dimensione "biologica" nell'atto del respiro. Il movimento radiante procede inerzialmente per cerchi concentrici e continui loop che si intersecano in n-dimensioni. E' in questa continua dimensione oscillante che si costruisce la comunità **che viene,** il suono **che si fa mondo,** l'artista contemporaneo che è il **demiurgo digitale,** il quale si libera del e **nel** linguaggio e si restituisce alla Vita.

telefunken prototypen [2000]
carsten nicolai, schirn kunsthalle frankfurt
- ©2005

BIBLIOGRAFIA / REFERENCES
E. SEVERINO - *Nascere* (Rizzoli, 2005)
R. RIZZI - *L'inconsapevolezza: forma della dimenticanza.*
Prefazione / Preface > Emanuele Severino "Tecnica e Architettura"
E. SEVERINO - *Tecnica e Architettura* (Raffaello Cortina, 2003)
U. GALIMBERTI - *Psiche e techne* (Feltrinelli, 1999)
A. GEHLEN - *L'uomo. La sua natura e il suo posto nel mondo.* (Feltrinelli, 1983)
D. DE KERCKHOVE - *La conquista del tempo* (Editori Riuniti, 2003)
G. PERRETTA - *Art.comm* (Cooper & Castelvecchi, 2002)
G. AGAMBEN - *La comunità che viene* (Bollati Boringhieri, 2001)
M. VEGETTI - *Quindici lezioni su Platone* (Einaudi, 2003)
G. DELEUZE - *Foucault* (Cronopio, 2002)
G. DELEUZE - *Sul Ritornello. Millepiani. Capitalismo e schizofrenia* (Castelvecchi, 97)
K. ESHUN - *More Brilliant than the Sun* (Quartet Books, 1998)
K. ESHUN - *Project for a Nonument - Inner notes "Transvision"-Alva Noto*
E. DAVIS - *Roots and Wires - website: www.techgnosis.com*
DJ SPOOKY - *Rhythm & Science - CD -* (Sub Rosa, 2004)
DJ SPOOKY - *Songs from a Dead Dreamer - CD -* (Asphodel, 2002)
FUNKSTORUNG - *Isolated. Triple Media. DVD/Book* (K7, 2004)
ALVA NOTO - *Transvision - CD -* (Raster Noton, 2005)

21st century and the 20th century. The Art Work Market is a thing of the past. The new mediated artist is the *summae* of collective intelligences at work. In fact, for the contemporary artist, biological metamorphosis is a *default condition*. We have witnessed a shift from the "artistic geniality" of the "genius" – the romantic origin of the single artist – to the "scenius" – i.e. the "geniality of the scene", or the *intelligent collective body*. This collection of bodies and minds operate in expanded communities and their collective result is shared by a plurality of artists that recognize themselves – even if temporarily – as belonging to a specific "aesthetic space". This space changes constantly, giving birth to micro radiant lines, such as, for instance, the drum-and-bass scene. These radiant lines can be both evolutionary and devolutionary, since the *scenius* consists of 'open organisms', a space where the artists open up and close down, becoming part of the territory and simultaneously renouncing that territory. This movement can be compared to the act of respiration: *inhaling* and *exhaling*. The radiant movement advance by inertia in concentric circles and continuous loops that intersect in multiple dimensions. In this oscillating dimension we find the upcoming community, the sound that becomes a world, the contemporary artist as a digital demiurge that frees himself of/into the/ language, finally returning to *Life*.

[TRANSLATED BY MATTEO BITTANTI]

Tre domande a:
DJ Spooky - Lorenzo Brusci - Roberto Paci D'Alò - Enrico Marani - Bochum Welt

1) Dopo l'esplosione della musica elettronica presso il grande pubblico quali pensate siano gli sviluppi futuri dell'artista elettronico? Si emanciperà sempre di più dalla pista da ballo?

DJ Spooky: Tutto è collegato. Noi artisti dobbiamo prendere atto che oggi i ragazzini possiedono gli stessi software, gli stessi computer e lo stesso equipaggiamento. Questo, beninteso, è assai positivo, perché ci obbliga a essere sempre ricettivi, a metterci in discussione, ad aggiornare continuamente il nostro stile. C'è fin troppa gente là fuori che pensa di cavarsela con dei Dj *set* facili e noiosi. Auspico per il futuro maggiore varietà, nei suoni e negli stili. La parola chiave è "creatività"– che non vuol dire altro che riflettere davvero su quello che si vuole fare. Io ritengo che la nuova energia verrà dal multimedia, dai mix visuali realizzati dal Dj stesso, non da terzi. Il Dj del futuro controllerà ogni aspetto del suono e dell'immagine. Il *dancefloor* è solo una parte di questo processo – il resto è *ambientale.*

Lorenzo Brusci: L'artista elettronico inteso in senso assoluto sta riflettendo da quasi mezzo secolo sui meccanismi più elementari e allo stesso tempo più sofisticati della memoria acustica umana. Trattando porzioni o campioni dal riferimento *confuso* piuttosto che sonorità prive di qualsiasi riferimento gestuale o strumentale, ha dovuto costruire la propria estetica musicale su base neoformale o, come nel mio caso personale, cercando nella natura e nell'architettura le chiavi di accesso per la naturalizzazione della

Dj Spooky's book Rhythm Science and his music were the basis for this installation entitled "Statements and Remixes" in the Moderna gallery in Ljublana, Slovenia. 2005

propria astrazione sonora. In questo percorso multiforme molto abbiamo imparato dalle tecniche compositive e fruitive legate alla *musica dance*. Molto le musiche di cultura dance hanno fatto riflettere sulle modalità di comprensione storica e sociale dei processi creativi legati agli sviluppi della musica e più in generale della *cultura digitale*. Ma se da un lato la dance music è *una metodologia consolidata nel suo insieme*, dal punto di vista compositivo e socio-estetico il fenomeno sembra in via di esaurimento o di inter/self-recycling; sento eccessiva la ridondanza di schemi e modi che identificano l'ambiente compositivo elettronico legato ai caratteri espressivi in scena sulle piste da ballo.
Liberare la musica dalle forme funzionali è un nuovo *dovere alto*, almeno quanto lo è l'opposto, volerla liberare dalle sale da concerto borghesi o dall'ascolto stereofonico pubblico/privato e dalla sua industria mortavivente... La via immersivo/architettonica è la principale condizione ambientale che valga la pena di essere assunta nella costruzione compositiva elettroacustica contemporanea; il resto è spesso noia e distrazione, prodotta e indotta.

Roberto Paci D'Alò: Penso che ora ci siano possibilità di sviluppi che consentono di procedere parallelamente in vari territori. per cui non parlerei di "emancipazione dalla pista da ballo" ma piuttosto di approfondimento che permette di introdurre materiali *altri* nel dance floor (creando quindi una complessità legata anche al lavoro sulle sovrapposizioni, sui layers, sui materali) e allo stesso tempo l'introduzione della ripetizione, del ritmo, del corpo, della trance, in un contesto "colto" (virgolette d'obbligo). Dove sempre più il termine *artista* non ha solamente a che fare con il mondo della visione ma anche quello dell'ascolto. L'arte dell'ascolto.

Enrico marani: Credo che il processo di emancipazione si sia già sedimentato, permettendo un gioioso andirvieni da e per le piste da ballo.

Bochum Welt: Penso che la musica debba essere concepita senza *cliché*, ballabile o d'ascolto che sia, pensando alla qualità più che alla commercialbilità. Sin dai primi anni in cui studiavo musica e cercavo di convertire sintetizzatori analogici in modo da controllarli con un computer, era affascinato nel guardare Brian Eno in tv "suonare" con i Roxy Music modifi-

cando la posizione di knobs di un Synth modulare con portamento da gentleman inglese. Ho collezionato da tempo una serie di rari strumenti elettronici con cui mi diverto a creare brani elettronici pensando esclusivamente all'ascolto. Ho sempre prestato attenzione ai suoni e alle melodie, non perdo mai occasione di studiare la strumentazione utilizzata da Kraftwerk, Trevor Horn, Thomas Dolby che recentemente mi confessava di avere ancora feeling con il proprio Fairlight!

2) La figura dell'artista elettronico - soprattutto nella sua dimensione *live* - ingloba sempre più un tipo di narratività extra musicale (immagini, parole, danza, etc) e si confronta con spazi diversi dal *dancefloor*: a volte sono luoghi a forte connotazione sociale (piazze musei gallerie d'arte) a volte con soggettivi e *topos* narrativi differenti (teatro, film, clips, animazione, videogiochi...).. Quali sono i motivi che spingono l'artista a confrontarsi con queste dimensioni spazio temporali? E quali i motivi profondi di questo nuovo rapporto?

DJ Spooky: Tutto è in connessione. Oggi non è più possibile, pensare di produrre semplici suoni. La gente sente dei suoni e *pensa*. Questa è la cosa più potente del *dj'ing*: far ballare e pensare la gente. Il museo è parte integrante di questo fenomeno e lo stesso vale per la galleria d'arte. Tutto sarà collegato in modo da sfruttare il massimo delle potenzialità di ogni medium: videogames caratterizzati da *soundtrack* d'autore (l'esempio più recente è *Chaos Theory* di Amon Tobin, la colonna sonora dell'ultimo episodio di *Tom Clancy: Splinter Cell*), videogames con componenti online per facilitare i processi di socializzazione umana (come *Star Wars Galaxies* di LucasArts, un esempio di MMORPG, o "*massively multiplayer online role-playing game*") e altro ancora. Ci sarà sempre più gente che ama questo stile ibrido e che comincerà ad andare nei night clubs, aspettandosi di trovare le stesse cose, ma in una dimensione di *party*. E il mio compito è quello di rendere la gente consapevole dei collegamenti che sussistono tra le cose, rendere il processo più dinamico e interagente. I Dj dovrebbero cominciare a dirigere film e spot, creare campagne pubblicitarie e impegnarsi nel settore del design... E poi c'è sempre la "cosa artistica": i remix possono essere una forma di scultura, DNA o architettura... Perché no?

2Blue: light transmission - cover design: Stefano Ricci

Lorenzo Brusci: Non direi che sia nuovo questo rapporto strutturale con l'ambiente multisensoriale che circonda il costruttore di mondi elettroacustici, tutt'altro; la vitalità multisensoriale vissuta oggi dall'artista musico-digitale è una base significativa da cui partire per *sciogliere qualunque complessità musicale nella vita mediatica diffusa*, quest'ultima non proprio desiderosa di costrutti dalla difficile interpretazione/appropriazione: leggi "richiesta di tempo e dedizione".
Appena il corpo danzante smette di essere l'unica interfaccia tra vita individuale e processo compositivo elettronico, immediatamente inizia la caccia ad un'estensione architettonica e psichica dello spazio di fruizione e di composizione: si crea così una nuova dimensione estetico-spaziale, alleggerente e allo stesso tempo veicolante le nuove esigenze formali e temporali del musicista elettroacustico post-funzionalista, comunque liberato o in via di liberazione dalla rigidità dell'omoritmia come unica condizione di co-esperienza musicologica e abitativa dello *spazio pubblico*.

Roberto Paci D'Alò: Vedo la necessità di un'espansione spaziale e temporale del fatto musicale (o meglio: sonoro). La musica rimane veicolo privilegiato di relazione, comunicazione, aggregazione e attraverso le espansioni delle frontiere della musica si invadono anche luoghi non deputati trasformandoli in un qualcosa fuori dall'ordinario. Più i luoghi scelti sono quotidiani, apparentemente normali e spesso invisibili, più si riesce a lavorare su una drammaturgia dello spazio, del tempo, dei media che rende straordinario qualsiasi luogo quasi indipendentemente dal luogo stesso. Trascendendolo quindi e innescando processi legati alla sensorialità (una delle parole chiave a mio avviso di questo mondo digitale-analogico). Uno dei concetti chiave è il rapporto tra suono e immagine. All'interno di questa relazione amorosa si giocano molte delle dinamiche dell'oggi ed è un territorio che va esplorato assiduamente e in maniera approfondita. la creazione di '*architetture invisibili*' *(hans*

ulrich obrist) che vanno a sovrapporsi a quelle visibili creando luoghi altri e infiniti.

ENRICO MARANI: Ci sono due fattori a mio parere che spingono ed incoraggiano la sinergia fra *medium* elettronico ed altre forme espressive. Una legata alla contemporaneità in cui la musica o comunque ogni forma espressiva non si contiene in sé, quindi per approdare al fruitore, visto l'impressionante rumore di fondo, impone e si impone la saturazione sensoriale, il segnale violento, la frequenza quasi intollerabile, la frammentazione sonora, il turpiloquio compositivo e la grandinata ritmica, sollevando in una marea di particelle impazzite, una caostrofia sinestetica. In proposito basta passare una serata nella sala attrezzi di una qualsiasi palestra. Su un altro piano c'è una specificità dell'elettronico, rispetto all'acustico e cioè un'assenza di identità forte del suono. Il suono, inteso come timbro, per esempio di un violoncello, è legato ad un principio identitario forte, al contrario cos'è un suono elettronico se non un qualcosa di plastico ed indefinibile? Sfuggente, frattale, estensibile e comprimibile, in questo essere sfuggente per definizione (e qui emerge una contraddizione del discorso, una sorta di inafferrabilità anche verbale dell'elettronico) questi si lega per "metastasi" ad altre forme espressive, con particolare flessibilità, contaminandone appunto la struttura "biologica", alterandola, intossicandola... L'elettronico è in questo senso il contemporaneo per eccellenza, il simulacro, il metafisico senza soggetto.

BOCHUM WELT: Dopo aver pubblicato alcuni brani con Rephlex e Sony Japan, ho iniziato a lavorare per Headspace e Beatnik, le società di

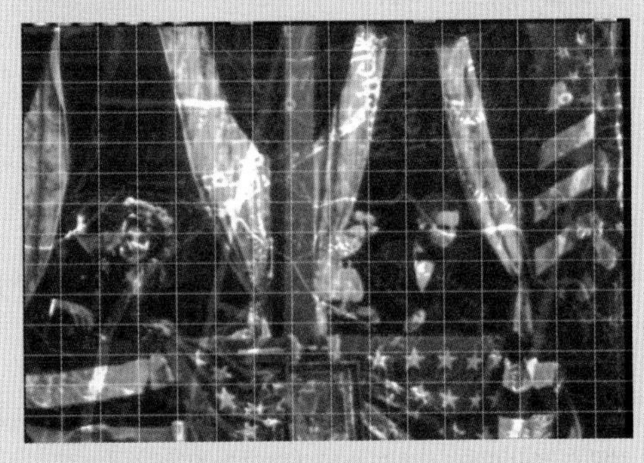

Dj Spooky - Rebirth of a Nation. Prints from the Path is Prologue show at the Paula Cooper Gallery

Thomas Dolby con uffici a Hollywood e Silicon Valley. Headspace e Beatnik sviluppano tecnologie legate all'audio interattivo per dispositivi mobili (telefoni cellulari, pdas, set top boxes, etc..). Ho avuto la possibilità di studiare nuovi linguaggi di programmazione e di sviluppare progetti new media. Uno dei progetti più interessanti realizzati da Headspace è la sonorizzazione del ristornate sottomarino di Steven Spielberg "The Dive" a Los Angeles. Curare il sound design di un videogioco, un sito web o un ambiente mi permette di comunicare in modo ancora più diretto con l'ascoltatore. Mi piacerebbe ascoltare sofisticata musica elettronica in una galleria d'arte, in un hotel o in un ambiente di *charme* dove poterne godere appieno.

3) Il *tempo* è la dimensione del suono lineare, seguibile, inseguibile, è quindi una costruzione per sequenze, ritorni, patterns macro evidenti, più fisicamente esposti, più nitidamente e identitariamente collocabili.

DJ SPOOKY: Non ci sono limiti al modo in cui la gente consuma musica. Io la vedo così: mixi un CD e lo dai a un tuo amico. Lui lo copia e lo distribuisce agli amici. Questi lo mettono in rete, aggiungono/tolgono files e altri cominciano a remixarlo. Poi altra gente lo scarica dalla rete e lo remixa a sua volta... Un loop continuo di cui non hai alcun controllo. Ma va bene così. Questo ti costringe a essere sempre e comunque creativo. Per realizzare nuovo materiale ci vuole tempo; ma il tempo scorre in modo differente nei nightclub. È disperso. Succede lo stesso nei mix, nei file, nei siti internet e nelle list-serv dei programmi *peer-to-peer*. La gente scopre cose e ne parla con altri. Ed è proprio questo che consente alla cultura di evolvere.

LORENZO BRUSCI: *Lo spazio* è la costruzione a cui il suono partecipa con maggiore *arrischiamento*: adesso che l'elettronica ci permette un'arte dell'immersività acustica senza precedenti

nelle preesistenti arti analogiche, è il momento di chiedere alla *condizione temporale* di non condizionare violentemente la fruizione dello spazio, in tutte le sue libertà cognitive, sulla base della suggestione infinitamente reversibile e non materialmente invasiva che il suono può *comporre*. In questo senso credo che *il tempo* sia una nobiltà decaduta, incline ad una lettura conservativa e impaurita, eccessivamente *previdente* riguardo ai flussi d'informazione. *Simultaneità e coraggio manipolativo hanno bisogno prioritariamente di spazio virtuale e prassi continua dell'abitazione virtuale dello spazio*. Avanti, il suono finalmente può cambiare la storia dello stare nel mondo: costruendo di meno e componendo di più si fa ecologia piena.

ROBERTO PACI D'ALÒ: Il tempo sempre più è la cosa più preziosa e non comprabile. Si vorrebbe sempre avere più tempo, le giornate (le notti) sono troppo brevi e le si vorrebbero dilatate a nostra discrezione. Un aspetto molto interessante del lavoro dell'artista elettronico è quello di agire sulla percezione in modo tale - ad esempio - da far sì che gli estremi si tocchino in una sorta di atemporalità statica e dinamica allo stesso tempo. E anche attraverso una consapevole immersione nel paesaggio sonoro che ci circonda e che ci permette di estrarre frammenti organizzati. Le tecnologie permettono di confrontarsi con i suoni ambientali usando gli stessi suoni ambientali e con una grande fedeltà. È così che diventa possible re-immettere in circuito suoni che nella loro relazione tra naturale e artificiale creano sempre nuovi territori.

ENRICO MARANI: Il tempo è una proiezione mentale e non una costante oggettiva, almeno nella mia esperienza. Il lavoro dell'artista elettronico credo sia appunto quello di scardinare la percezione del tempo come costante oggettiva, mostrarne appunto la friabilità, legata a processi mentali e stati psicofisici che l'artista elettronico può veicolare, per esempio attraverso la trance (anche sul dancefloor). La tecnologia per quanto mi riguarda è un semplice mezzo di questo processo di scardinamento, è la lavatrice al cui interno inserire i panni sonori raccolti per strada: niente di più, niente di meno. In sostanza anche qui, l'elettronico può porsi a soggetto infettivo del tempo, o più propriamente della rappresentazione di quel che chiamiamo tempo.

Roberto Paci D'Alò. Metamorfosi - photo Max Botticelli

BOCHUM WELT: Sin dagli anni 80 era possibile utilizzare un computer per produrre musica. In realtà le tecniche produttive non sono mutate in modo radicale, ho sempre lavorato con un computer. I ragazzi che iniziano a produrre musica oggi probabilmente preferiscono utilizzare *softsynths* che strumenti reali; io ho ancora feeling con vecchi sintetizzatori utilizzati per creare effetti speciali nelle prime serie tv sci-fi, anche se a volte non disdegno cimentarmi con brani totalmente computer generati. La banda larga ha influito positivamente, ad esempio alcuni brani di "Elan", il prossimo album, sono stati prodotti insieme a Brian Salter, un sound designer di Dolby, con cui ho scambiato via internet intere sessioni, automatizzazioni mixer incluse. La distribuzione digitale di brani musicali è il prossimo step!

DJ SPOOKY
www.djspooky.com
Un artista geniale come pochi. Il suo nome può essere paragonato a quello di maestri conclamati come Dj Shadow, Dj Krush, Coldcut. Astrattismi, scratching, dub, drum'n'bass, hiphop: il suo approccio futuribile ha fatto di lui un remixatore sopraffino, da Luigi Russolo a Xenakis. Sul suo disco 'Optometry' potete trovare il matrimonio riuscito tra jazz ed elettronica, ascoltate anche il suo cd mix 'Under The Influence' dove mischia con grande acume Sonic Youth, State Of Bengal e Sussan Deyhim. Ha collaborato con musicisti e compositori come Iannis Xenakis, Ryuichi Sakamoto, Butch Morris, Kool Keith a.k.a. Doctor Octagon, Pierre Boulez, Killa Priest from Wu-Tang Clan, Steve Reich, Yoko Ono and Thurston Moore from Sonic Youth. Tra le produzioni più recenti sono da segnalare il suo ultimo libro Rhythm Science e il disco Drums of Death con Dave Lombardo (Slayer), Chuck D. (Public Enemy), Vernon Reid (Living Color), Jack Dangers (Meat Beat Manifesto).

ROBERTO PACI DALÒ
www.giardini.sm
Musicista (laptop/sampler/clarinetti) e regista/filmmaker, ammirato da John Cage, è un pioniere nell'utilizzo delle tecnologie digitali in arte e ha presentato con il suo gruppo multidisciplinare 'Giardini Pensili' concerti / performance / film / installazioni e altre cose strane in Europa, Russia, Medio Oriente, Americhe nei principali teatri, club, festival, musei. Tra le collabo-

razioni: Scanner, Kronos Quartet, Philip Jeck, Jacob Kirkegaard, Rupert Huber (Tosca), Absolute Value of Noise, Fred Frith, Paolo Rosa / Studio Azzurro, Kurt Hantschlaeger (Granular Synthesis), David Moss, Olga Neuwirth, DJ Palotai, Burkhard Stangl. Più volte premiato a Ars Electronica è curatore della label L'Arte dell'Ascolto (www.lartedellascolto.com).

Lorenzo Brusci
www.timet.org
Laureato in filosofia, sound designer e metacompositore elettroacustico. Nel 1993 ha fondato il gruppo di ricerca musico-gestuale Timet e nel 2004 ha fondato con il garden designer Stefano Passerotti il team di environmental design Giardino Sonoro La Limonaia dell'Imperialino - www.giardinosonoro.it -. Le implicazioni espressive, architettoniche ed industriali del suono immersivo sono il principale obiettivo della sua attuale ricerca.

Bochum Welt
www.bochumwelt.com
Gianluigi Di Costanzo aka Bochum Welt, dal 1993 al 1997 ha proposto la sua electro sperimentale, molto apprezzata da Richard James (Aphex Twin), per la sua celeberrima etichetta: la Rephlex. Altri due dischi sono stati pubblicati daModule 2 e FOAS. Le sue recenti produzioni sono disponibili sul web presso Warpmart (warprecords.com). Recenti collaborazioni con: Firstcom, Palm Pictures, Headspace, Claudia Brucken, Thomas Dolby e la sua Beatnik Inc. virtual reality / digital audio company nella Silicon Valley. Il suo ultimo cd "kissing A Robot Goodbye" è uscito per l'etichetta "Device Electronic Entertainment".

Enrico Marani
www.iod-agency.it
Enrico Marani muove le prime esperienze come performer e musicista alla fine degli anni 80,entrando a far parte del gruppo industrial rumorista T.A.C. Durante gli anni 90 lavora insieme ad Andrea Landini alle"Forbici di Manitù" con cui pubblica per varie etichette indipendenti italiane ed estere quattro album, di cui uno dedicato alla figura di Luther Blissett, attirando l'interesse di riviste inglesi come the Wire, oltre alla stampa nazionale di settore. Al termine degli anni 90 con Fabrizio Tavernelli (afa, groove safari), fonda Duozero, con cui licenzia un album e si esibisce dal vivo. Con Dj Rocca lavora da due anni al progetto 2Blue indagando la relazione tra spazio suono e poesia.

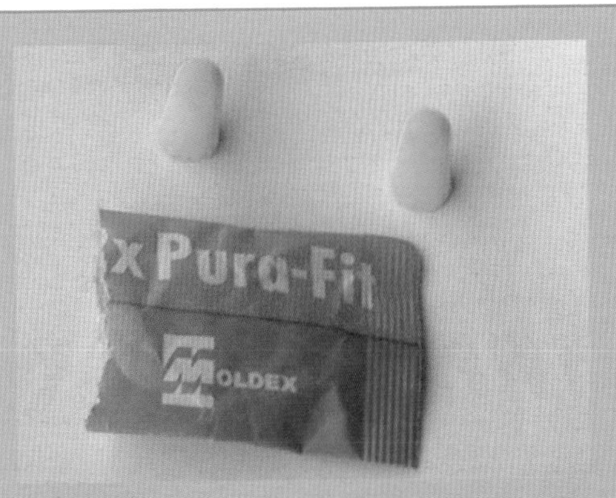

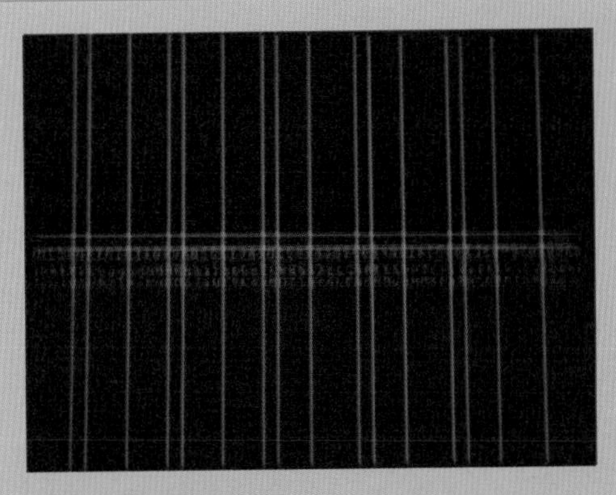

Formula di Ryoji Ikeda

"In FORMULA, l'ipnotica e ipertecnologica creazione audiovisual di Ryoji Ikeda, il bit informatico si svela come la mente pulsante del nostro mondo. Incroci di rette generano riverberi luminosi e acustici d'infinito; spettri di flussi binari generati da una matrice numerica che sembra controllare le nostre vite, sedandoci ogni giorno con un fiume di informazioni e immagini, mentre la verità non si può nemmeno intuire, nascosta chissà dove."

tratto dal volume RedBook per Roma Europa Festival

I tappi per le orecchie distribuiti all'entrata sono il segno evidente che si andava incontro a qualcosa di "straordinario". Così è stato. Una sorta di montagne russe elettro-sonore che da sole facevano vibrare il corpo. Il rumore, il frastuono, lo scrocchio, la schicchera elettronica dentro la 'sala settecento' dell'Auditorium hanno raggiunto una purezza che difficilmente si riesce ad ascoltare: niente più del suono elettronico ha bisogno della qualità dinamica per essere apprezzato. Il sincronismo tra il puntatore e il bersaglio, sempre colpito, inserito in un loop infinito, sembra visualizzare una per una le migliaia di incursioni aeree delle guerre chirurgiche degli ultimi anni. Le informazioni digitalizzate scorrono come fanno le nuvole nel cielo in un continuum senza sosta o almeno fino alla fine del video :) MT ©2003

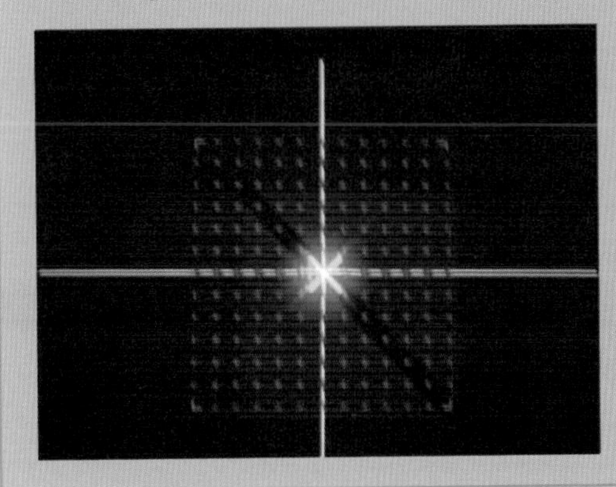

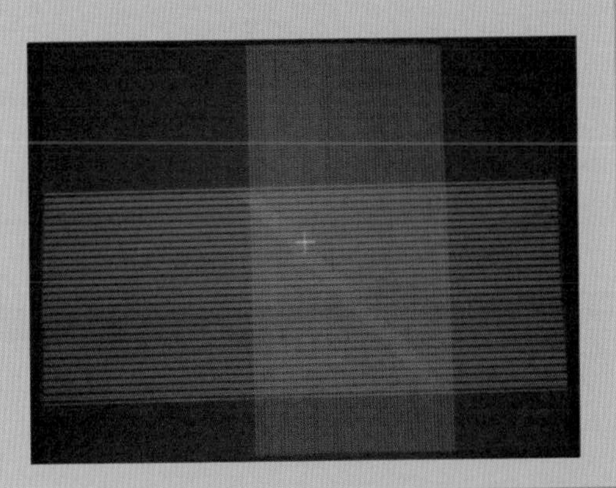

Three questions to:
DJ Spooky - Lorenzo Brusci - Roberto Paci D'Alò - Bochum Welt

1) After the explosion of the electronic music to the big audience, which can be the future developments of the electronic artists? Will he/she emancipate him/herselfself from the dancefloor more and more?

DJ Spooky: Everything is linked. We as artists need to understand that your average kid will have the same software, the same computers, and access to the same equipment. That's a good thing: it means that you need to keep alert, and always update your style. So many people play safe and boring mix sets. I want to see alot more variations, alot more different styles. That means creativity - actually thinking about what you want to do. I think that the new energy is going to come from multi-media, visual mixes, that the dj does - not someone who makes visual material to accompany the dj, but the dj controlling all aspects of the sound and image... The dancefloor is just part of the dynamics on this - the rest is environmental.

Roberto Paci D'Alò: Now, I think, there are more possibilities of developments that make it possibile to have different territories involved in parallel. That's why I wouldn't talk about "emancipation from the dance floor", but rather of deepenings that make it possibile to introduce "other" materials in the dance floor (creating thus a complexity that has to do with the work on overlapping, layers and materials) and at the same time the introduction of repetition, of rhythm, body, and trance in a "cultured"

Dj Spooky's book Rhythm Science and his music were the basis for this installation entitled "Statements and Remixes" in the Moderna gallery in Ljublana, Slovenia. 2005

context (inverted commas are required). Where more and more the term "artist" not only has to do with the world of vision but also with that of listening. The art of listening.

Lorenzo Brusci: The electronic artist as a whole has been speculating for fifty years or so, on the most elementary, though sophisticated

Dj Spooky's book Rhythm Science

mechanisms of human acoustic memory. Dealing with portions or samples of confused reference rather than sounds deprived of any instrumental or gestural reference, they had to build up their own musical aestethic on new-formal basis, or, as in my personal case, looking at nature and architecture to find the keys to access the naturalization of their sound abstraction. In this manifold path we have learned much from the compositive and fruitive techniques linked to dance music. Dance culture musics have made people reflect much on the social and historical ways of understanding the creative processes that have to do with the evolution of music and, broadly speaking, of the digital culture. But if on the one side dance music is a settled metodology as a whole, on the compositive and socio-aestethic point of view the same phenomenon seems to be exhausting or inter/self-recycling; I feel an exaggerated redundancy of patterns and modes that identify the electronic compositive environment linked to the expressive features on stage on the dance floor. To set the music free from functional forms is a high duty, as much as its opposite, to set it free from bourgeois concert halls or from public/private stereophonic listening and its "livingdead" industry. The plunging/architectural way is the main environmental condition that is worth assuming in the contemporary electroacoustic compositive construction; what's left is, often, boredom and distraction, produced and induced.

Bochum Welt: Music should be appreciated for what it is, without any bias or misconceptions, whether danceable or not. What really matters is quality, not marketability. Since I started studying music and turning analogical synthesizers into computer-controlled machines, I have always been fascinated by Brian Eno's experiments. I remember watching him 'playing' on the telly with Roxy Music, changing the knobs positions of a modular Synth with the aplomb of a perfect Englishman. I have been collecting rare electronic instruments that I still use to create electronic tracks. I have always privileged sounds and melodies over anything else, and I never miss the chance to study the techniques of such artists as Kraftwerk, Trevor Horn, and Thomas Dolby. The latter recently told me that he is still 'in touch' with his own Fairlight!

Dj Spooky with the New Haven Symphony Orchestra at Yale University September 24, 2004

2) The electronic artist, especially in his/her live set, is today combining extra music narrative expressions (images, words, poetry, dance...) not only on the dancefloor but in museums, art galleries, squares... investigating different narrative topos, like movies, videogames, clips, and so on. What are the reasons which push the artist today to face these new temporal-space dimensions? And what the deep ground of this new relationship?

DJ Spooky: Everything is connected. You can't just play a sound and that's it. People hear a sound, and think. That's the best thign about dj'ing: you're making people think and dance. The museum is part of this, the art gallery is part of this. Everything will be linked in a way that makes the value of one medium connect to another: a video game will have a soundtrack (check out Amon Tobin's new video game sound track for example), a video game will have an on-line component (look at Star Wars's "massive on-line multi-player game), and of course, there will be people who like that style, and will start going to nite clubs to check it out in a big party situation. That's OK. I just want to get people to look at the connections, and well, that should make things more dynamic. Dj's should be directing films at this point, making TV commercials, creating advertising and design campaigns... plus the art thing: remixes can be sculptures, DNA or architecture... why not?

Lorenzo Brusci: I wouldn't say that this structural relationship with the multi-sensorial environment surrounding the constructor of electroacoustic worlds is new; not at all; the multisensorial vitality that the digital-musical artist experiences today is a meaningful basis to start from to unveil any musical complexity in the spread media life; the last one is not really keen on facing constructs of difficult interpretation/assimilation – that is "demanding time and devotion". A soon as the dancing body stops being the only interface between individual life and electronic compositive process, the hunt for an architectural and psychic extension of the space of fruition and composition begins: thus, a new aestethic and spatial dimension is engendered, relieving and, all at once, vehiculating the new formal and temporary needs of the electro acoustic, post-functionalist musician, who is, at any rate, set free or is on the way to be set free from the rigour of isorhythm as the only condition of musicological and habitative co-experience of public space.

Roberto Paci D'Alò: I see the need of a time and space expansion of the musical (better: sound) deed. Music is a preferential medium of relation, communication and gathering and through the expansion of musical boundaries places that are not usually intended for it can be invaded and transformed in something out

of the ordinary. The more the places chosen are daily-inhabited, apparently 'normal' and often invisible, the more one can work on their 'dramatic art' quality of space, time and media that make any place amazing, regardless of the place itself. Transcending it, then, and sparking off processes linked to sensorial faculties (one of the keywords, in my opinion, of this digital-analogic world.) One of the key-concepts is the relationship between sound and image. Within this 'romance' (love affair) many of the contemporary dynamics are played and it is a territory that must be explored deeply and painstakingly. The creation of 'invisible architectures' (hans ulrich obrist) that overlap the visible ones creating other and endless places.

Bochum Welt: After releasing some tracks with labels like Rephlex and Sony Japan, I started to work with Headspace and Beatnik, Thomas Dolby's companies based in Hollywood and the Silicon Valley. Headspace and Beatnik develop interactive audio technologies for mobile devices like cell phones, PDAs, set top boxes etc. I had the chance to learn new programming languages and develop new media projects – among Beatnik's clients are Spielberg, Yahoo Digital, Nokia... One of the most interesting projects was soundproofing The Dive, Spielberg's restaurant in L.A. By creating the sound design of a videogame, web site or any environment I can talk directly to the listener. I'd love to enjoy sophisticated electronica in an art gallery, in a hotel lounge, basically in any charming spots...

3) Time is more and more a conquest ground for our society. How does the electronic artist's work change in relation to this new time conception and with the new technological instruments at disposal?

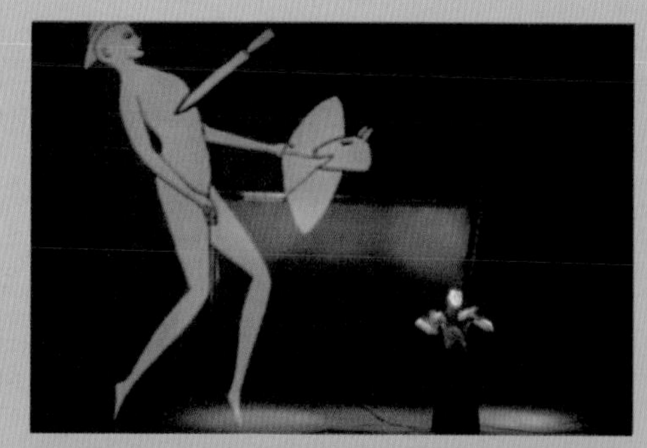

Roberto Paci D'Alò. Animalie - photo Chico De Luigi

Roberto Paci D'Alò. Stelle della sera
photo Carlo Ciavatti

DJ Spooky: There's no way to limit how people consume music. I look at this stuff this way: you might make a mix CD and giev it to a friend. They copy it and give it out, make their own mixes based around it, bounce it on-line and add files. Then people download it, and remix that stuff... you have no control of the process. But that's OK too. I really love the fact that this means that you have to continuously be creative. New material takes time: but time flows differently in nightclubs - it's dispersed. It happens in the mixes, in the files,in the websites and listservs that people check out and dialog with one another about all of this stuff. And that's what makes the culture evolve.

Roberto Paci D'Alò: More than ever time is the 'real thing', something precious that money can't buy. Everybody would like to have more time, days (and nights) are too short and we would like them to be expanded at our discretion. A very interesting aspect of being an electronic artist is that of acting on perceptions in a way – for example – to make sure that the ends meet in a sort of timelessness, that is static and dynamic at the same time. And also through a conscious plunging into the soundscape that surround us and enable us to distil organized fragments. Technologies allow us to confront with environmental sounds using the same environmental sounds, and with high fidelity. And it is so that to injet again sound into stream is made possible, the very same sounds that in their relationship between natural and artificial create the new territories that we inhabit.

LORENZO BRUSCI: Time is the linear sound dimension, it can be followed and run after, it is thus a construction by sequences, refrains, macro-conspicuous patterns, more physically displayed, more clearly cathegorized and identified. Space is the construction to which sounds takes part with major peril: now that electronics enables an art of unprecedented acoustic "going deeper" than the pre-existing analogic arts, it's time to ask to the time condition not to influence violently the fruition of space in all its cognitive freedoms on the basis of a neverending reversible and not materially invasive suggestion that the sound can compose. In this sense I think that time is an impoverished nobility, inclined to a conservative and fearful reading, excessively far-sighted towards the flows of information. Synchronicity and manipulative bravery need first of all virtual space and continuous praxis in the virtual habitation of space. Come on, sound can change the history of living in the world: less building and more composing are the core of full ecology.

BOCHUM WELT: Since the '80s we've been relying on computers to make music. In that sense, production routines have not changed dramatically: I mean, I have always been using a computer. Teenagers that start making music today probably prefer softsynths over real instruments. I am still fond of those old synthesizers used to create the sound f/x of the early sci-fi series, although I do not disdain computer generated tracks either. Cable has had a very positive influence [on music production]. For instance, I have created some tracks of my next album "Elan" with Brain Salter, one of Dolby's sound designers. We swapped entire sessions online, including some remixed versions. The next step is the digital delivery of music tracks!

Lorenzo Brusci . Giradino Sonoro Urbano

Dj Spooky and Colson Whitehead "Transmetropolitan" at Lincoln Center July 21, 2004

Dj Spooky performing "Rebirth of a Nation" at Chicago Museum of Contemporary Art November 2004
(c) Museum of Contemporary Art, Chicago Photographer: Michael Raz-Russo

Dj Spooky at Earshot Jazz Festival, Seattle, 10/30/00

DJ Spooky
www.djspooky.com
Paul D. Miller is a conceptual artist, writer, and musician working in New York. His written work has appeared in The Village Voice, The Source, Artforum, Raygun, Rap Pages, Paper Magazine, and a host of other periodicals. Miller's first collection of essays, Rhythm Science, was published by MIT Press in April 2004, and was included in several year-end lists of the best books of 2004, including the Guardian (UK) and Publishers Weekly. In 2005, Sound Unbound, an anthology of writings on sound art and multi-media by contemporary cultural theorists will follow Rhythm Science.
Miller is most well known under the moniker of his "constructed persona" as "DJ Spooky That Subliminal Kid". Miller has recorded a huge volume of music and has collaborated a wide variety of musicians and composers such as Iannis Xenakis, Ryuichi Sakamoto, Butch Morris, Kool Keith a.k.a. Doctor Octagon, Pierre Boulez, Killa Priest from Wu-Tang Clan, Steve Reich, Yoko Ono and Thurston Moore from Sonic Youth among many others.
Miller's work as a media artist has appeared in a wide variety of contexts such as the Whitney Biennial; The Venice Biennial for Architecture (year 2000); the Ludwig Museum in Cologne, Germany; Kunsthalle, Vienna; The Andy Warhol Museum in Pittsburgh and many other museums and galleries.
Drums of Death is his recent cd recorded with: Dave Lombardo (Slayer), Chuck D. (Public Enemy), Vernon Reid (Living Color), Jack Dangers (Meat Beat Manifesto).

Roberto Paci Dalò
www.giardini.sm
The composer & performer, director & artist Roberto Paci Dalò (Rimini, 1962) belongs to the innovative exponents of the European contemporary music and performing arts scene. He lived in Berlin between 1993 and 1995 as recipient of the DAAD Fellowship. Since 1985 founder and director of the performing arts company Giardini Pensili. Recent collaborations include: Scanner, Kronos Quartet, Philip Jeck, Jacob Kirkegaard, Rupert Huber (Tosca), Absolute Value of Noise, Fred Frith, Paolo Rosa / Studio Azzurro, Kurt Hantschlaeger (Granular Synthesis), David Moss, Olga Neuwirth, DJ Palotai, Burkhard Stangl.

Lorenzo Brusci
www.timet.org
Lorenzo Brusci (1966) founded the concept group Timet in 1993. They have been composing music for theatre, dance, television, radio, and sound installations. Our main efforts include the evolution of compositional and performing techniques for nonlinear music and sound architecture. We support the open data philosophy for the distribution of intellectual objects, including final compositions, single audio elements, and electronic partitures.

Bochum Welt
www.bochumwelt.com
Gianluigi Di Costanzo is the name behind the Milan-based Bochum Welt, whose smattering of atmospheric electro releases attracted the attention of Aphex Twin Richard James. Richard's Rephlex imprint reissued several tracks from the Bochum Welt back-catalog. Di Costanzo followed up his Rephlex debut the following year with 2 full-length for the label, Module 2 and FOAS; his fascination with technology is evidenced by his cd-rom release of the 16 bit videogames soundtrack Desktop Robotics, reissued by Sony Music Japan.
Gianluigi's latest cd by Device Electronic Entertainment is available at Warpmart (warprecords.com). Recent commercial collaborations with Firstcom, Palm Pictures, Headspace, Claudia Brucken, the legendary producer Thomas Dolby and his Beatnik Inc. virtual reality / digital audio company based in Silicon Valley, fostered this sense of a full time technotronic crusader.

Enrico Marani
www.iod-agency.it
Architect, photographer and electronic musician. Enrico during the last 15 years has developed a lot of projects in the Italian avant-garde area (Tac & Forbici di Manitù) with important releases for well-known labels (like Staalplaat). In collaboration with Dj Rocca he started 2 Blue developing the relationship among space, music and poetry.

Formula by Ryoji Ikeda

"In 'FORMULA', the ipnotic and hypertechnologic audiovisual creation by Ryoji Ikeda, the computer bit discloses as the vibrant mind of our world. Crossings of straight lines engender sound and light reverberations at infinity; spectres of binary flows engendered by a numerical matrix that seems to control our lives, keeping us under sedation with a flow of information and images, while the truth can't even be guessed, hidden who knows where."

Excerpt from the volume "RedBook", for Rome Europe Festival

The earplugs distributed at the entrance were the obvoius sign that something "amazing" was to be expected. So it was. A kind of electro-sounding roller coaster that, alone, could make the whole body vibrate. The noise, the racket, the crunch, the electronic squeak inside the 'Settecento Hall' of the Auditorium have reached a purity that can hardly be listened to: there isn't any such thing as electronic sound needing dynamic quality to be enjoyed. The synchronicity between the pointer and the target, always hit, included in an infinite loop, seems to visualize one by one the thousand of air raids of the surgical wars of the latest years. The digital information flow as the clouds in the sky, in an endless continuum, or at least until the end of the video.
:) MT ©2003

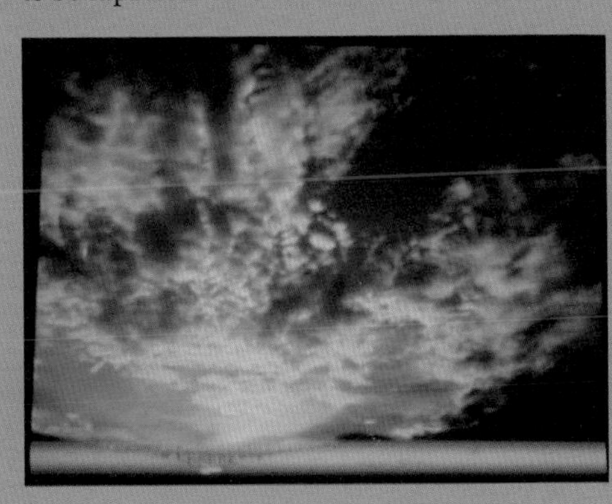

On The Way Of Mixed Media

Robert Rebotti (Jacklamotta)

Non è tanto un discorso sull'arte, quanto un ragionamento su linguaggio, metodologia, applicazioni.

Mixed media fa rima con dialettica, il tempo e la battuta, e avanguardia, ma quel tipo di avanguardia che scrive parole nuove, che codifica e decodifica e reinventa e inventa. Come se ogni pattern fosse un terreno nuovo da affrontare, come se ogni supporto, dalla tela alla carta, dal legno ai muri delle strade, fossero di volta in volta pagine bianche da "contenere". Da riempire di contenuti. Da sprigionare. Paradosso. "Contenere contenuti" quando già si sta andando oltre. Etimologia, suono e incipit uniscono questi due termini. All'inizio. Ma poi vi è un processo complesso di costruzione per cui l'idea impellente passa attraverso una narrativa composita e compositiva trasversalmente la quale ogni elemento adottato, nella sua forma e nella sua sostanza, si fa portatore di significanti multipli e di significato comunicativo.

Ogni autore mixed media è di per sè autore collettivo.

È ricerca di sintesi dei linguaggi e dei supporti possibili nel tentativo di determinazione di un linguaggio personale, proprio, specifico. È una banca dati dei percorsi artistici e comunicativi. Gioca con i codici come se gli stessi fossero semplicemente degli strumenti da relativizzare nel momento in cui si crea e ci si mostra e l'opera acquisisce autonomia e propria emancipazione, e non i fini ultimi, passivi, antichi, monolotici, statici, che vincolano i macro percorsi più generali a tempi che sono di fatto e nei fatti fuori tempo (massimo).

Parola d'ordine: intensità-di-passaggio e scacco al re!

Tessuto, matrice che è, ma che immediatamente dopo è nuovo terreno di nuove relazioni e nuove agitazioni. Non è quindi una questione sulla tendenza o di genere (fattori necessari a chi ha il compito di individuare e individualizzare identità statiche e insulsi punti fermi), ma di piano di azione. Istantanea. Praticata. E' un discorso a monte. Esistono sì identità, ma come strumenti e non come fini, come segmenti continui che sviluppano in divenire un lavoro di mutazione delle lettere dell'alfabeto. Identità come elemento, e basta. Saper possedere le lettere degli alfabeti così come saper possedere i mezzi espressivi o le note della scala musicale o le cromie. Saper dare vita ogni volta a nuovi alfabeti, a nuove combinazioni, a nuovi contenuti in nuovi contesti.

Se la dialettica trasforma l'identità soggettiva e dei percorsi, le caratteristiche peculiari sono tali solo nel lasso di tempo in cui le stesse si fanno veicolo di comunicazione. Linguaggio di linguaggi nel presente, gli occhi, i suoni e la percezione sono già proiettati in avanti.

On The Way Of Mixed Media

Robert Rebotti (Jacklamotta)

This is not only an art discourse, but it's mainly a reasonment on language, methodology, and applications.

Mixed media rhymes with dialectics, time and beat, with avant-garde, but that kind of avant-garde capable of writing new words, capable of coding and recoding, that invents and reinvents. Just as if every pattern was a new ground to face, and if materials, from canvas to paper, from wood to city walls, were in turn white pages to be "contained". To be filled with contents. To be released. Paradox. "to contain contents", when one is already going beyond that. Etymology, sound and incipit sticking those two terms together. At the beginning. But then, a more complicated construction process comes out, the urgent idea passes through a composite and compositional narrative; every adopted element, passing transversally across that narrative, in its form and substance, brings with it a variety of multiple and communicative meanings.

Every mixed media author is himself a collective/community author.

He's himself the research of a languages and materials synthesis, trying to determinate a very personal language, his own way to communicate, a more specific and distinctive way. He's himself a full data-base of communicative and artistic paths. He plays with codes just as they were barely instruments to be relativized in the very moment he creates and shows his art, and his artwork gets its own autonomy and emancipation. It doesn't get only the main, passive, ancient, monolithic, static aims, tying down the bigger and more general path to times being actually over-time

Keyword: intensity-of-the-passage and checkmate the king!

Material, matrix that actually exists, but that a minute later becomes a brand new ground made of new relations and restlessness. This is not in the end a matter of trend or genre (which are indeed necessary features to whom searching for, individuating and individualizing any static identities and meaningless key points), but it's a matter of action ground. Instantaneous, practical. It's a discourse starting above.

Identities are actually existing elements, but they exist mainly as instruments, and not as final targets. They are continuous segments developing an alphabetical mutation work. Identity as an element, that's it. Being able to own the alphabet just like one owns some expression tools or some notes of the musical scale, or some colours. Being able of giving life to new alphabets, to new combinations, new contents in new contexts.

If dialectic transforms the subjects and paths identities, characteristics are peculiar only in the lapse of time where they become means of communication. As a language of languages in the present, eyes, sounds and perceptions are already projected beyond.

[translated by Chiara Romanelli]

Artists Index

ILLICIT MUSIC maffia CLUB IoD UT

DIECIDECIMI

VLADIMIR MAJAKOVSKIJ

ВО ВЕСЬ ГОЛ...

ПЕРВОЕ ВСТУПЛЕНИЕ В ...ЭМУ

Уважаемые
товарищи потомки!
Роясь
в сегодняшнем
окаменевшем ...
наших дней изучая потемки,
вы,
возмож...
спросите и обо мне.
И, во...жно, скажет
ваш ученый,
...роя эрудицией
вопросов рой,
что жил-де такой
певец кипяченой
и ярый враг воды сырой.
...офессор,
снимите очки-велосипед.
...сам расскажу
времени
о себе.
...тор
и во...
р...олюцией
...ванный и призванный,
уш...
...барских садоводств
поэзии —
бабы капризной.

artwork by jacklamotta (garadinervi.com)

05.02.2005 - drum'n'bass / breakstep . uk . dj set
DJ ZINC
DJ RESIDENT: MAFFIA SOUNDSYSTEM + S.M.O.K.E. // VJ RESIDENT: LARK - ZONA 13 VL
12.02.2005 - hip hop / black music . uk . dj set
DADDY G (MASSIVE ATTACK)
DJ RESIDENT: MAFFIA SOUNDSYSTEM // VJ RESIDENT: LABORATORIO GODOT
19.02.2005 - drum'n'bass . uk . dj set + mc
DJ DIE + TALI MC
DJ RESIDENT: MAFFIA SOUNDSYSTEM + S.M.O.K.E. // VJ RESIDENT: LARK - ZONA 13 VL
26.02.2005 - electro / dirty house . uk . dj set
R2NY # 6 feat. LEEROY THORNHILL (EX PRODIGY)
DJ RESIDENT: AJELLO // VJ RESIDENT: LABORATORIO GODOT
OGNI SABATO AL MAFFIA CLUB, V.LE RAMAZZINI 33 - REGGIO EMILIA
OPEN 23.30 TO 04.00 - INGRESSO RISERVATO AI SOCI ARCI
TEL: 0522.922280 - FAX: 0522.512388
WEB: WWW.MAFFIA.IT - EMAIL: MAFFIA@MAFFIA.IT
carhartt

maffia
DIECIDECIMI
CURZIO CATTANI

04.12.2004 - warp sound . uk . dj set + live set
WARP NIGHT feat. PLAID + MIRA CALIX
DJ RESIDENT: MAFFIA SOUNDSYSTEM // VJ RESIDENT: LABORATORIO GODOT
11.12.2004 - drum'n'bass . uk . dj set
FULL CYCLE NIGHT feat. DJ KRUST
DJ RESIDENT: MAFFIA SOUNDSYSTEM + S.M.O.K.E. // VJ RESIDENT: LARK - ZONA 13 VL
18.12.2004 - electro . fra . live set
R2NY #3 - BLACK STROBE Decks&FX (IVAN SMAGGHE & ARNAUD REBOTINI)
DJ RESIDENT: AJELLO // VJ RESIDENT: LABORATORIO GODOT
25.12.2004 - electro . ger + ita . dj set
R2NY #4 - PRESENTAZIONE COMPILATION "SKANK BLOC MAFFIA"
feat. MUNK, AJELLO, PETER EDISON AKA DEE AJEZ, THE DOLPHINS, I ROBOT // VJ RESIDENT: LABORATORIO GODOT
OGNI SABATO AL MAFFIA CLUB, V.LE RAMAZZINI 33 - REGGIO EMILIA
OPEN 23.30 TO 04.00 - INGRESSO RISERVATO AI SOCI ARCI
TEL: 0522.922280 - FAX: 0522.512388
WEB: WWW.MAFFIA.IT - EMAIL: MAFFIA@MAFFIA.IT

maffia
DIECIDECIMI
Philip K. Dick
CIRCUITI

MARLENE
DIETRICH
ILLICIT MUSIC
maffia
CLUB
IoD
UT
DIECIDECIMI
artwork by jacklamotta (garadinervi.com)

MUSIC
MESSAGE
IN STEREO
TRACKLIST
Slam Jam
AJELLO
PRESENTS:
SKANK
BLOC
MAFFIA
ILLICIT SOUNDS
OF MAFFIA CHAPTER 4

COMI'N
ON STRONG
WITH AJELLO
BUMPING-GANG

10 ANNI DI MEMORIA
10 ANNI DI STORIA
DIECIDECIMI
david lynch memoria
ILLICIT MUSIC CLUB
maffia
IoD
Concetto
non estemporaneo

PRESENTANO
GIOVEDI'
7 APRILE 2005
DALLE 22 ALLE 03.00
BI★PI★EM
A NIGHT OF UNCONVENTIONAL BEATS
DJ SETS FUTURE JAZZ, BROKEN BEATS, NU HOUSE PER MANO DI:
FRANK S (HEAD TO TOE - IRMA REC.)
JAZZIMO (CLUBBITY.COM)
CHEMIKANGELO AKA ORIGAMI (CLUBBITY.COM - COMPOST REC.)
RIO'
@ROCKET
VIA PEZZOTTI 52, MILANO
TEL 02 89503509 MEZZI: 65, 79, 95
IN COLLABORAZIONE CON
STUSSY
WWW.SLAMJAM.IT
SITO UFFICIALE
WWW.CLUBBITY.COM
CLUBBITY.COM
IRMA RECORDS

R2NY
MERCOLEDÌ 18 MAGGIO 2005
ELECTRO . CA . DJ SET
SPECIAL NIGHT
TIGA
RESIDENT DJ: AJELLO
RESIDENT VJ: LABORATORIO GODOT
DIECIDECIMI
maffia

R2NY#7
SABATO 12 MARZO 2005
ELECTRO. UK . DJ SET
MARC ALMOND
(SOFT CELL)
RESIDENT DJ: AJELLO
RESIDENT VJ: LABORATORIO GODOT
DIECIDECIMI
FRAGILE
SINGER
SPINNER
maffia
carhartt

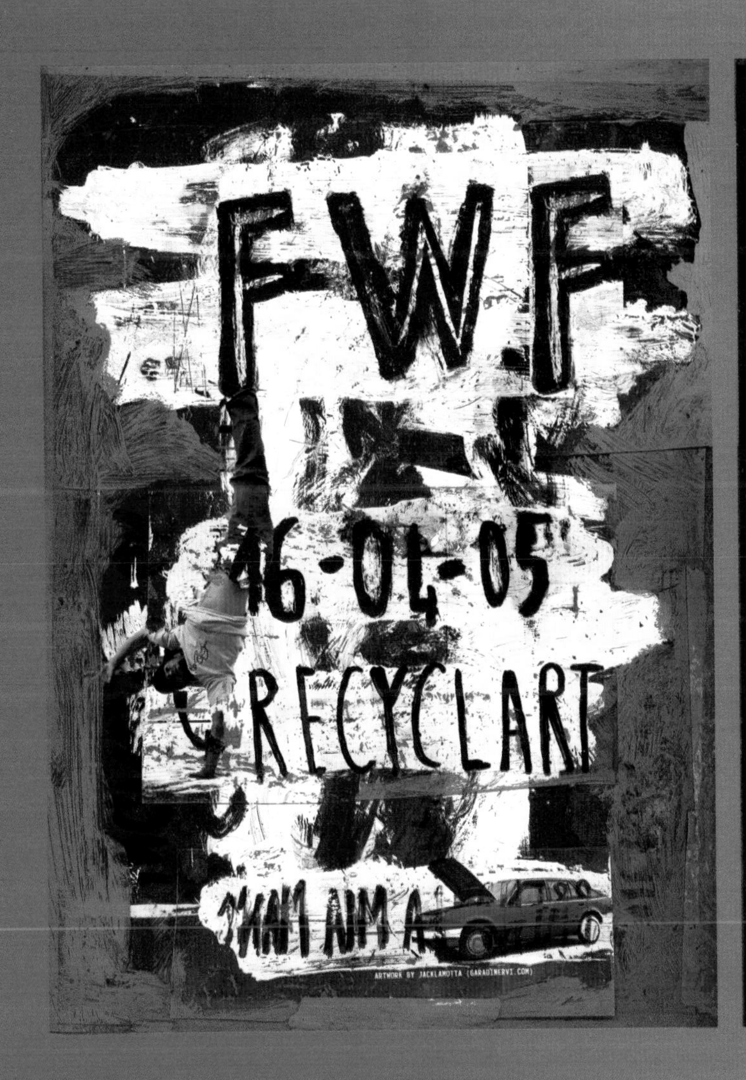
FWF
16-04-05
RECYCLART

FWF
16-04-05
RECYCLART
GUEST: RAGGAMUFFIN WHITEMAN
FEAT. MANIFEST (LIVE RAGGA)
DJ'S: DJ MELLOW
PROTESTA
RED ANT
BUN ZERO
MUSICIANS: EL RAYO (PERCU)
DJ DHEN (SCRATCH)
MR JO (HARMONICA)
MC RAGGAMUFFIN WHITEMAN
ART EXHIBITON: JACKLAMOTTA (GARA DI NERVI, ITALY)
DOORS: 22H / ENTRANCE: 7 EUROS, 5 BEFORE MIDNIGHT
INFO AND DETAILS ON WWW.FUTUREWORLDFUNK.BE // WWW.GARADINERVI.COM
RECYCLART, RUE DES URSULINES 25, URSULINENSTRAAT 1000 BRUSSELS

DADDY G
(MASSIVE ATTACK)

RESIDENT DJ: MAFFIA SOUNDSYSTEM
RESIDENT VJ: LABORATORIO GODOT

artwork by jacklamotta (garadinervi.com)

ILLICIT MUSIC maffia CLUB
03 Aprile 2004 / DJ Set
FULL CYCLE NIGHT
feat. KRUST

maffia
22 Maggio 2004 / Dj Set
FRESH
(Bad Company/Breakbeat Kaos)

carhartt
artwork by jacklamotta (garadinervi.com)
26-03-05
MC'S CONTEST
DNB.COM
DNB.CON 3
FEAT.
J MAJIK
+MC
ILLICIT MUSIC maffia CLUB
IoD
UT

festival
cement
dans
theater
muziek film beeldende kunst

* Kruipend de berg op (10 jaar Impresariaat Angélique Finkers)

RAMP
NiETS MOOiERS
doorwerken
BOOS
zijLiNGS
geen elektri citeit
SECTIO

ca = ia x ea²
Studio
't Brandt Weer

Maandag, 31 december 2001
FREEDOM
is just chaos with better lighting
Studio 't Brandt Weer
wenst u
fijne feestdagen
en een gelukkig
2002

A hilarious 2005

NR 2
KWINTESSENS
Vlaams Tijdschrift voor vormgeving: nr. 2, april – mei - juni
Driemaandelijks tijdschrift – jaargang XII
Abonnement: €23,55 – Los nummer: €6,25
Afgiftekantoor : Brussel X

QUIRKY ALONE
AANTR. QUIRKYALONE, 30 jr., acad. gev., fin. onafh. IQ + EQ, goed uiterl. zkt. k.m. hr: moet LIEF zijn, maar ook een beetje gemeen. Moet van zwemmen houden, en geen koudwatervrees hebben. Moet van Proust houden. En van Borsato. Moet een goddelijk lijf hebben. Gezellig buikje geen bezwaar. Moet van uitgaan en dansen houden. En van lekker mutsen op de bank. Moet spontaan zijn. Maar wel zijn prioriteiten op een rijtje. EEN FlieReFluiteR? het leven zonnig inziet; financieel zijn zaakjes voor elkaar hebben. Moet mij het allerbelangrijkste van de hele wereld vinden. Maar mag niet aan me gaan hangen. Quirkyalone geen bezwaar.
B.o.nr. 338/7509 bur. v.d. bl.

Colofon

Dit boekje is het resultaat van een geheim samenwerkingsverband tussen meerdere creatieve partijen, gemaakt uit liefde, respect en vriendschap voor Angélique Finkers, de motor achter het impresariaat Angélique Finkers.
Het is het enige product met bijdragen van de artiesten uit haar stal dat zonder haar medeweten tot stand is gekomen.
Als cadeautje ter gelegenheid van het tienjarig bestaan van haar theaterbureau.

Medewerkers:

Herman Finkers
Richard Groenendijk
Ernst van der Pasch
Erik Jobben
Maarten Hennis
Arend Edel
Herman van Veen
Bruun Kuijt
Rik Hogendoorn
Isabel Schneider
Petra Stevens
Jan J. Pieterse
Frank van Pamelen

Foto's

pag. 3 (links) Angélique, impresario in de dop (rechts) peter en meter
pag. 6 Shooter
pag. 7/8 Impresariaten adverteren gezamenlijk, Angélique Finkers haalt Harrie Kars links in. Bron: Achterpagina programma Camerettten Cabaretfestival (1995-1996)
pag. 9 Foto boven en onder: Studio 't Brandt Weer
pag. 10 "Op Tophdiogre in Tibet" - Fotograaf: Hans Van der Meulen
pag. 11 Jury Groninger Studenten Cabaret Festival - Fotograaf: onbekend
pag. 15 Herman van Veen - Fotograaf: Joris van Bennekom
pag. 16 Foto: Studio 't Brandt Weer en Herman van Veen - Fotograaf: Joris van Bennekom
pag. 17 Richard Groenendijk - Fotograaf: Erwin Olaf, fotocompositie: Studio 't Brandt Weer
pag. 19 Foto: Studio 't Brandt Weer
pag. 20 Rik Hogendoorn (links) en Bruun Kuijt in Rookkwartier - Fotograaf: Ben van Duin
pag. 23 Ernst van der Pasch - Fotograaf: Joris van Bennekom
pag. 24 (boven) Ernst van der Pasch - Fotograaf: Joris van Bennekom, (achtergrondfoto) Studio 't Brandt Weer
pag. 25 Foto: Studio 't Brandt Weer - Koen Geurts
pag. 29 Foto: Studio 't Brandt Weer - Koen Geurts
pag. 30 Fred Delfgaauw in Don Quichotte - Fotograaf: Maarten Brinkgreve
pag. 31 Foto: Studio 't Brandt Weer
pag. 32 Angélique Finkers - Fotograaf: Joris van Bennekom
pag. 34 Paul Kaptein - Foto: Studio 't Brandt Weer
pag. 35 (boven) Foto: Studio 't Brandt Weer (onder) Angélique Finkers - Fotograaf: Paul Kaptein

Idee: Paul Kaptein

Ontwerp/illustraties: Studio 't Brandt Weer
Technische begeleiding: Hans Schoolenberg
Spinwerk: Dick Jager / Koen Geurts
Geprint bij: Ted Gigabrint
Gebonden door: Mathieu Geertsen
Coverfoto: Studio 't Brandt Weer/Hans van der Meulen

P
J
MONSTER ZONDER WAARDE

(C) GABRIEL SUCHOWOLSKI / MICROBIANS

Fight da funk
(C) GABRIEL SUCHOWOLSKI / MICROBIANS

TCCH
THE COCOE
CONSPIRACY
HEADQUARTERS

DEATHMACHINES INC.
(C) GABRIEL SUCHOWOLSKI / MICROBIANS

(C) GABRIEL SUCHOWOLSKI / MICROBIANS

(C) GABRIEL SUCHOWOLSKI / MICROBIANS

?
A day IS A DAY
(C) GABRIEL SUCHOWOLSKI / MICROBIANS

MICROBIANS AT THE STREET

METRONOTTE

L'HIP HOP * IL JAZZ * IL FUNK * IL SOUL * GLI SCRATCH * I BREAKS ... COSE

IN ANTEPRIMA A METRONOTTE I FAZE LIQUID PRESENTANO DIABOLIQUE
L'ESORDIO DISCOGRAFICO PER LA PRESTIGIOSA ETICHETTA TEDESCA SONAR KOLLEKTIV
doors open 22.30

METRONOTTE

L'HIP HOP * IL JAZZ * IL FUNK * IL SOUL * GLI SCRATCH * I BREAKS ... COSE

APERTURA ORE 22.30 * INGRESSO GRATUITO FINO ALLE 24.00
WWW.T-TURN.COM

DJ GRUFF
IN CONCERTO
presenta il suo
nuovo album UNO
FEATURING
TAY ONE
LIVE TAGS:
CORA // UHTDIA
SPECIAL DJ SET
T-ROBB

METRONOTTE

L'HIP HOP * IL FUNK * IL SOUL * GLI SCRATCH * I BREAKS... COSE

TAYONE * SKIZO * JOHN TYPE
presentano il nuovo DVD "The End Tour" + T-ROBB DJ SET

GIOVEDI' 17 FEBB * ORE 22,30 * I ♥ TPO
Viale Lenin, 3 BOLOGNA. Uscita tangenziale 11 bis. Autobus 19, 27, 62N

DIESEL : U : MUSIC 2005 T.TURN TURNTABLE EXPERIENCE

AMP
IT UP
SFR's
2004
FALL MUSIC PREVIEW

DANCE DANCE
CHAOS
MAGIC
MIKE
JULY
25TH
PEANUT
BUTTER
WOLF
X-ECUTIONERS
VH1.COM
MTV.COM
SONICNET.COM

LINDA

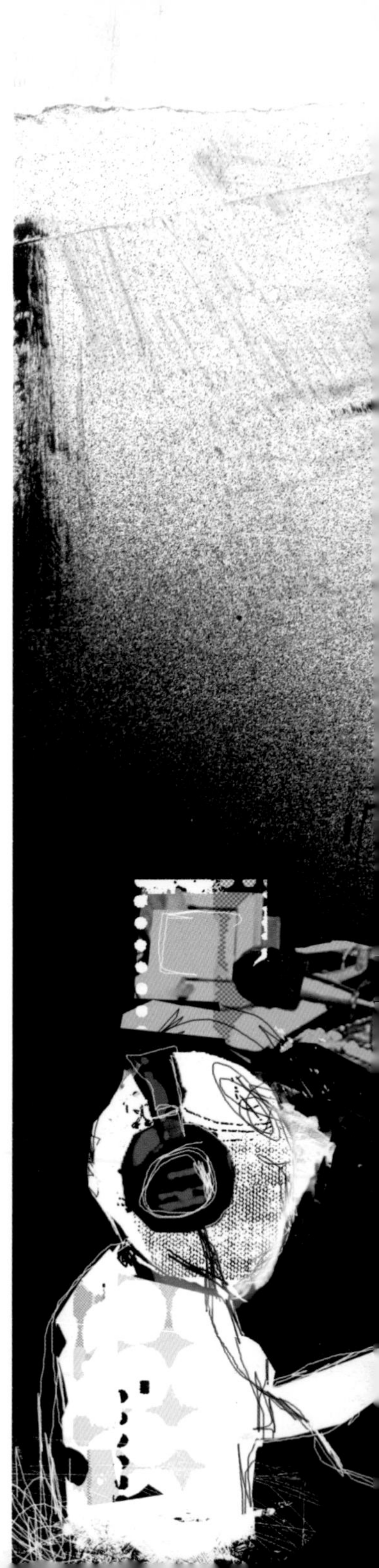

VIXEN
VIXEN

CHOMP

SHARE
SWAY
SAVOR
SQUIRM
FRENZIED
FIRE
SWEAT
SHOTGUN
SENSUALITY
DEEP SEATED SEDUCTIONS
LOVE & LUST
CONNECTION,
WE DANCE
WE COLLIDE
SWEET
SULTRY
SONG
RAVISHING
RAMBUNCTIOUS
RAW
THE
LOADED
AMMUNITION
OF THE
MOMENT
OUTPOUR
LINDA
LONGING,
LAYERED,
LAZY,
LOVELY

CITY

SIDEWAYS STEPPING ONTO SIDEWALKS & & &

SLIPPING & SEARCHING

CAGED,

& i WALK & WALK WALK WALK WAL

LINDA

DON'T BE AFRAID TO EXPLODE
DON'T BE AFRAID TO LET LOOSE
LET LOOSE
I'VE CAPTURED A WASHED OUT
CHARACTER
A SPICY SPICY
TEXTURED STEW
OCEANS OF GLORIOUS
LAYERED WORN PATTERNS
YES LINES NOODLES
INTER TWINED
UP DOWN SIDEWAYS
LINING THE WALL
DOWN
THIN LINES
FAT LINES
SPLAT

COLORS OF THE CITY, THAT BRIGHT YELLOW
LOOK UP!
PULL OUT YER EYEBALLS
ONE WAY
EUROPEAN TAILOR
IT'S ONLY WHEN I WALK THAT I RUN INTO THINGS I NORMALLY DON'T SEE
TREACHEROUS OBSTACLE COURSE, A CRASH, BASH, FUCK-YOU-UP PLATTER!
STOP, GO, GO STOP, GO STOP GO
HOLD YER BREATH WHILE I RUN YOU OVER,
LINDA

DUMPSTER DIVING,
FOR AN
ASBESTOS
SANDWICH WITH
DOG SHIT DRESSING
THE CRUD &
CRUST OF A
THOUSAND MESSY
DAYS,,,
YOUVE
GOT MY
LIFE
STRANGER
NOISE
NOT CAUTIOUS, AUTOMOBILE NOISE POLLUTION
SCREECHY, SMELLY MONSTERS
NOISE

RUST CORROSION
RUST RUST MESS
CORROSION EATS
AWAY AT WHAT WAS NEW
LEAVES A TWISTED BEAUTY.
SPLAT

THE
CITY'S
SKIN
TORN
WORN
TORN
WORN

ARCADE FIRE
DEC 1ST
JACK-POT SALOON
KOUFAX
CONNER
9PM
18+

SOKOL UNDERGROUND

Nov. 2 Zo
Bar
The Terminals
Zyklon bees

SUNDAY SEPT 26TH
9TH STREET BASEMENT
ARCHITECTS 9PM $5 19+
RENT MONEY BIG
THE ZYKLON BEES-

STATIONARY
ODYSSEY

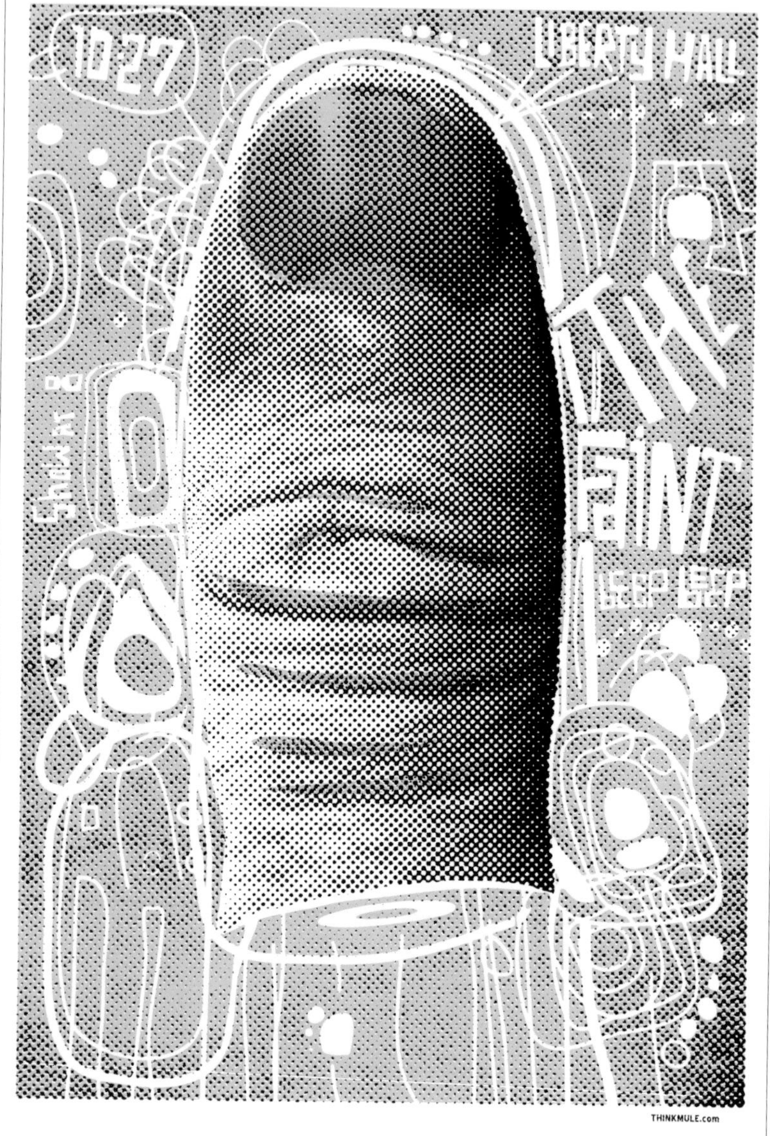
10 27
LIBERTY HALL
THE
FAINT
THINKMULE.com

WAR LOVES YOU BACK.

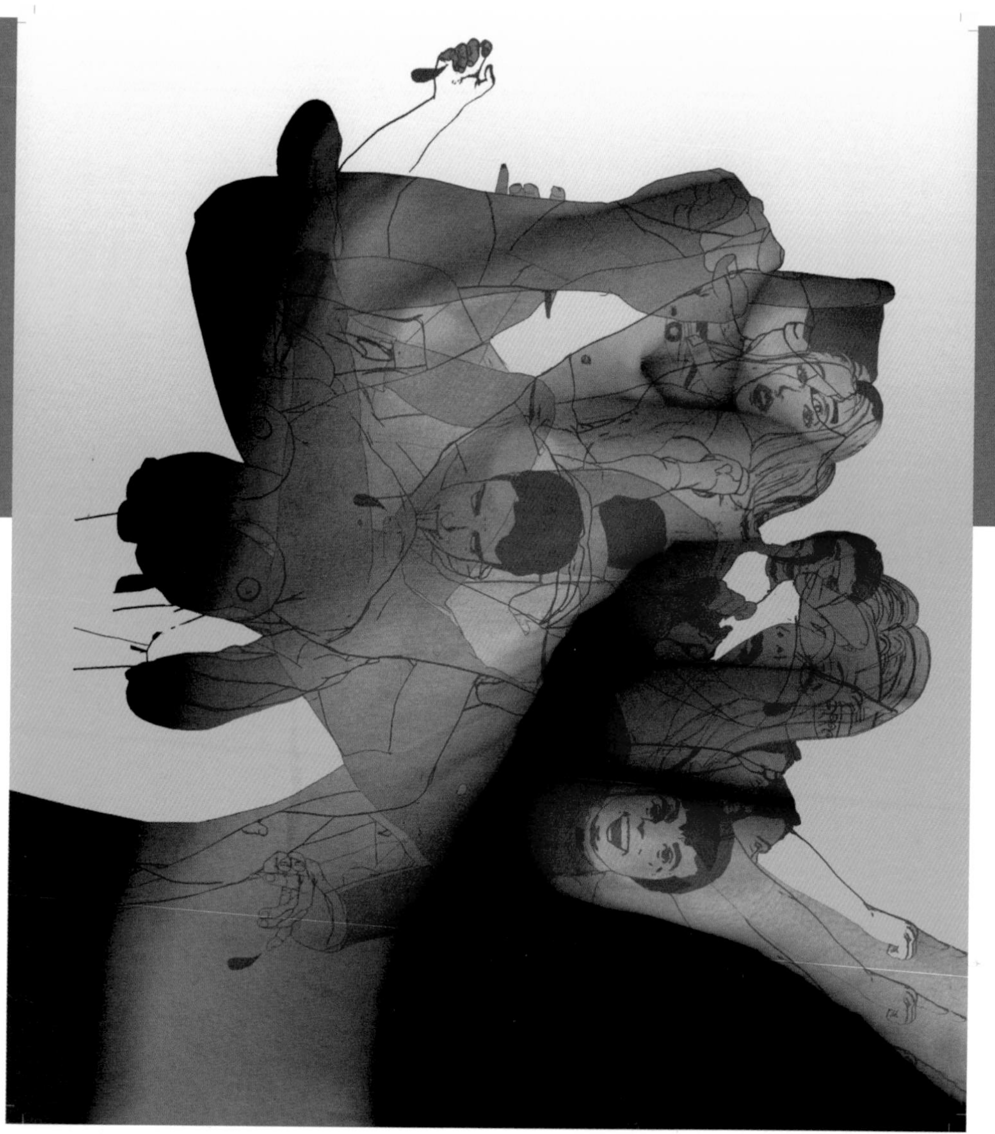

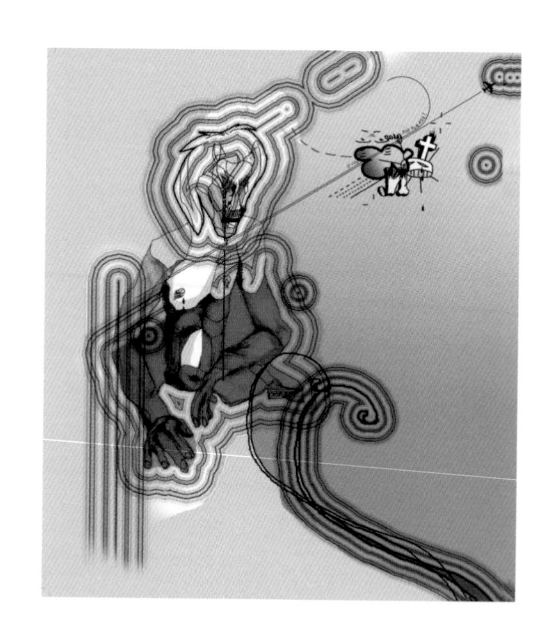

BOOM.
JEWBOY CORPORATION™

OHH-THAT-SUMMER
SURE-GOT-US-SMARTER
מה עושים עכשיו אחים
קיץ ישראלי אפס/שלוש
ארבעים ושלוש מעלות

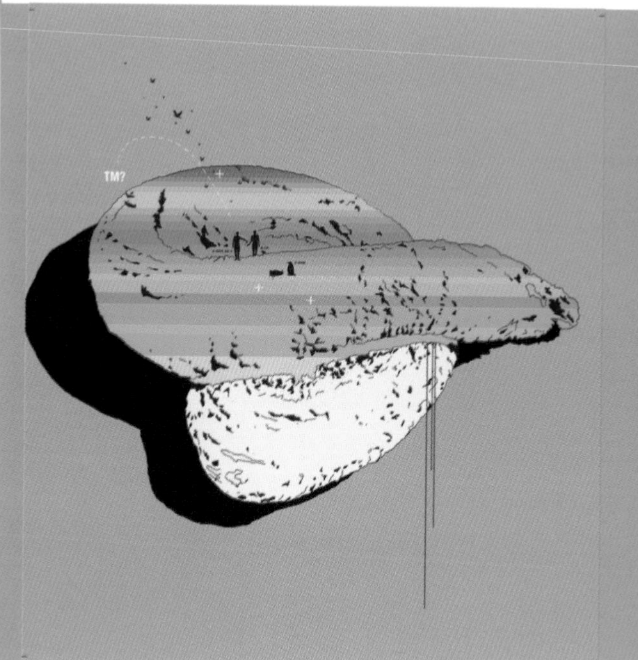
TM?

GOD
NOW, IS IT A BIG DEAL?
in here, we SAY:
YES!
the best! LIKE JUST YOU ARE!
and so... since we know that girl for so many years we just say, stay!!! cos' we love you!
and last: the jewboy co. will wish you a happy 2009 © made in ISRAEL!
play
Love cake

37
Is Not Dead Yet.
an/?
D
Happy Birthday to you, Happy Birthday to you
Ha-py Birth-Day dear Da-ni,
EVERY BODY-SINGS:X2 OR MORE.
RO/an
THIS WORK WAS MADE BY:
JEWBOY CORPORATION™/9MAY04
FOR THE 37TH DAN/S B.DAY (MAY HE DIE OLD)

mimi
come

PRATO
GREEN
F·L·O·W·E·R·S

ANDY
PANDA

CHECK THIS OUT

74
JANGBL

PART
ROOT
ALL
THINGS

G

BE
PART

KING
GEORG

MisUseMe YOU

queen
MiSUSEME
YOU

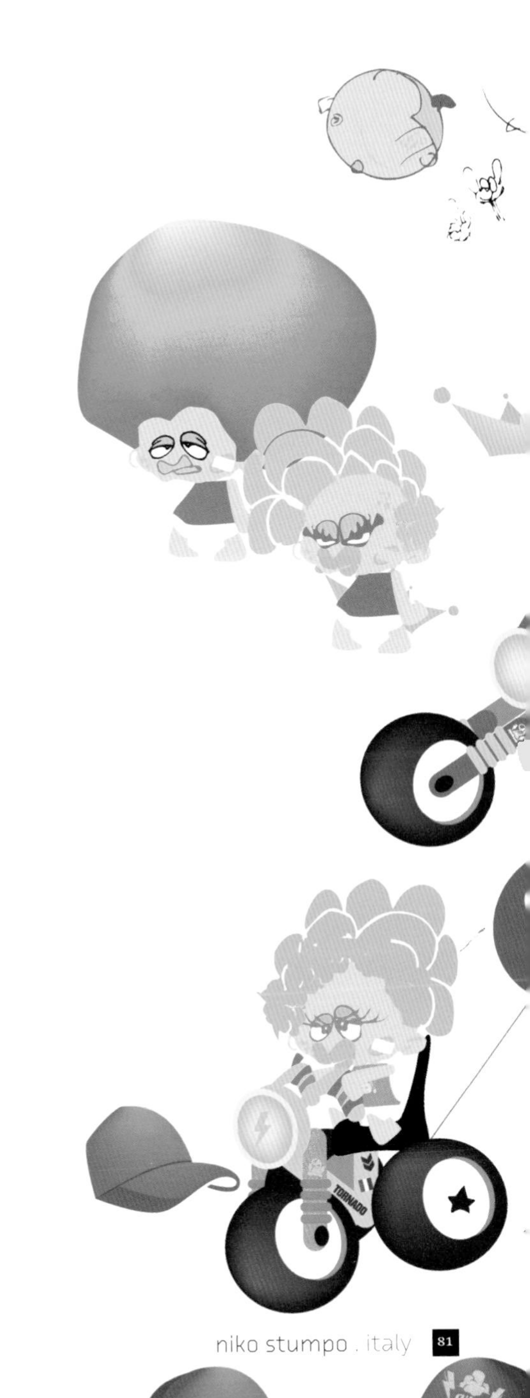
TORNADO

AiKO
Killa
Sound
general
MODAFACCAZ

niko stumpo . italy

I am here
Love
love for ever
SKTHRD
pussycat
galore
Suck
FUCK
yeah

KING OF DA DANCEHALL
HUNTER
KING
OF DA DANCEHALL
general

AiKO
killasound
pussucat
VM+216
aikø

100% ORIGINAL
BLOOODY
killasound
04
AiKO
DEATH OR GLORY
Queen
OF DA DANCEHALL
DON'T MIND A LITTLE PAIN
Sweeetie
Hard core
SELF DESTRUCTION
OLIVE
I am here
Love

INDUSTRIAL
PARKING AREA
BUILDING AND AREA INFO.
03025

michael mcgrath . usa

She'll be all right now.

RADIATING
BLISS
remarkable physicians

S

FÜR

COLOR ink

5
3

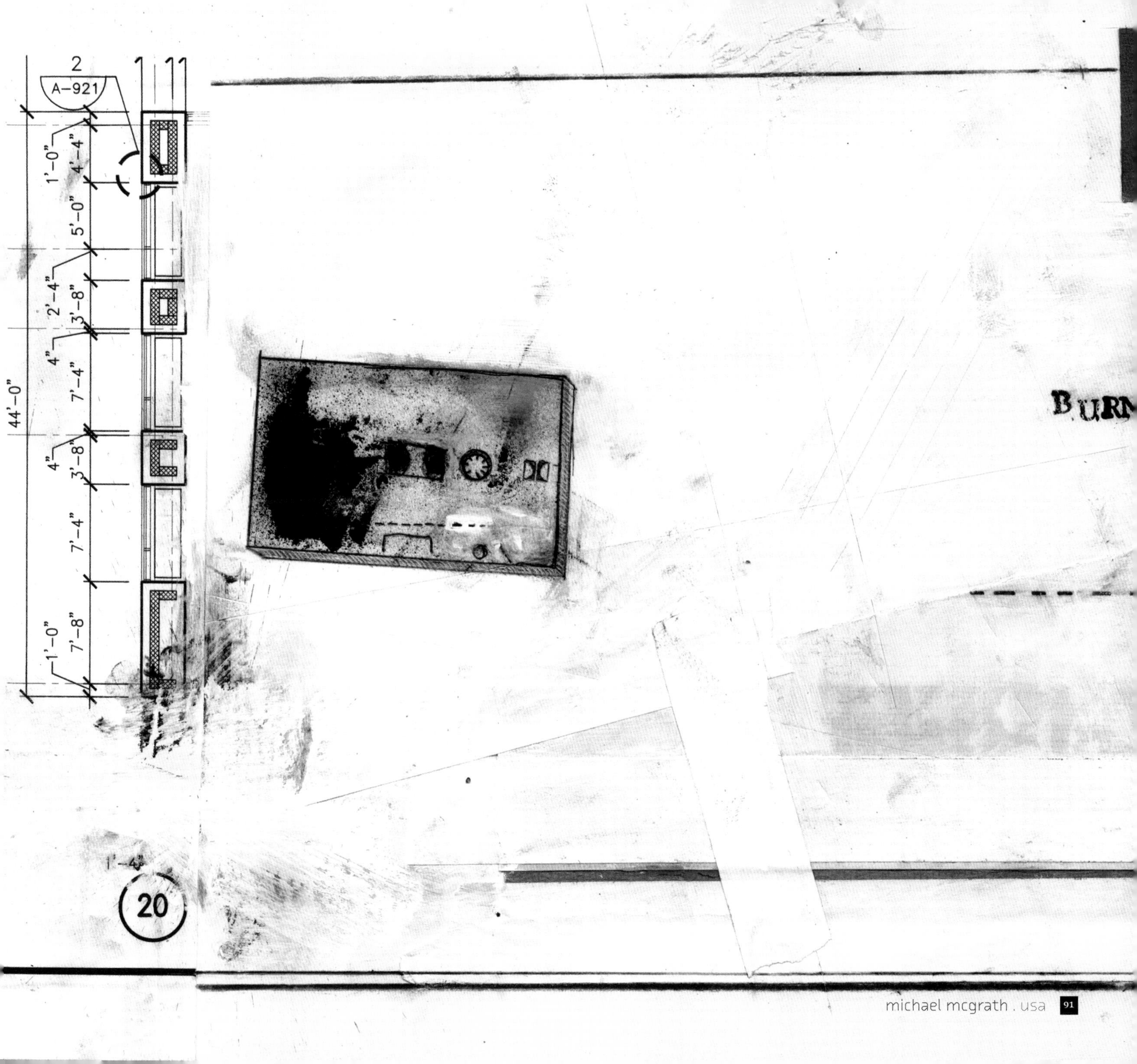
2
A–921
44'–0"
1'–0"
4'–4"
5'–0"
2'–4"
3'–8"
4"
7'–4"
4"
3'–8"
7'–4"
1'–0"
7'–8"
1'–4"
20
BURN

HELP ME!
SELL YOUR SOUL!
$
BUY!
From:
Slavery
To:
Freedom
HELP ME!
THE BRAIN BOX

DON'T
CONSIDER ME
A FRIEND

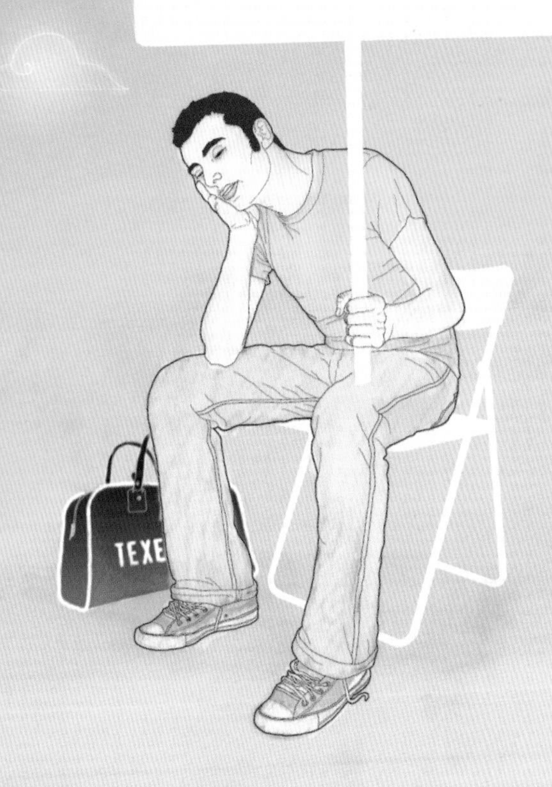

Remixed by Texelse Boys

EVEN·JESUS·GOT
SNEAKERS

baby
rock
and
roll
born in
1976.

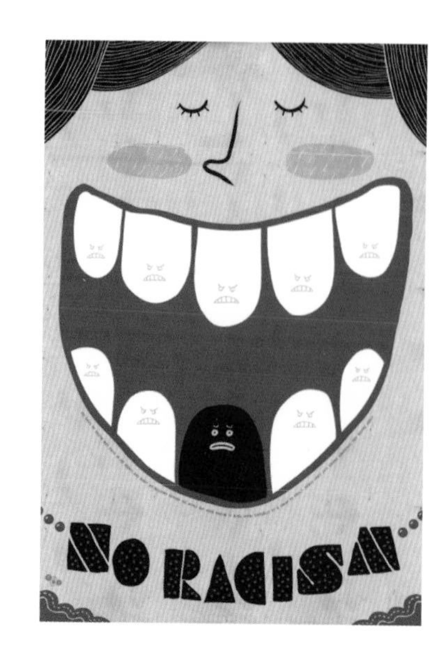
NO RACISM

MY DESIGN
BUSINESS

SEX IS THE KEY TO HAPPINESS*
TRY ME!
TRY ME!
TRY ME!
PLAY THIS GAME!
* BUT YOU HAVE TO FIND THE RIGHT KEYHOLE TO FIT YOUR "KEY" INTO
Mauro Gatti - theBrainbox/Mutado Studio 2004

DO 03.02.05

KOMMISSAR SPEZIAL BAND
KOMMISSAR SPEZIAL BAND & LUX LUPO (DJ)

BJÖRN KELLERSTRASS (SCHLAGWERK)
PETER WEGELE (RHODES & ELEKTRIK)
JOSEF WOLLINGER (GITARRE)
TOBIAS WEBER (BÄSSE,ELEKTRIK UND CEREMONIENMEISTE)

ALS GAST: JAN FASZBENDER (POWERBOOK, MOOG)
MIKROFON: OPTIONAL

MUSIK: NUJAZZ, BRAZIL, EASY LISTENING

FR 04.02.05

ULTRASCHICK

SONJA MOONEAR (FEMALE PRESSURE / GENF)
HOSTED BY UNTERWASSERFISCH (RILLENFIEBER)

DIE SCHWEIZERIN SONJA MOONEAR LÄSST SICH NICHT IN STYLE-SCHUBLADEN ZWÄNGEN. LIEBER SPAZIERT SIE DURCH DIE NEU-DEUTSCHE LABELLANDSCHAFT ZWISCHEN PERLON UND PLAYHOUSE,ZWISCHEN KRAUSE UND KOMPAKT, KARLOFF UND KLANG. BEREITS 2001 WURDEN SIE GEMEINSAM MIT CASSY, ELECTRIC INDIGO UND MISS KITTIN IM RAHMEN EINES FEMALE PRESSURE-EVENTS ALS "DIE WAHRSCHEINLICH STÄRKSTE FRAUEN-FRAKTION IM MUSIKBUSINES" PRÄSENTIERT.

SA 05.02.05

LECKEREIEN UND MEER

HIGHFISH & LUX LUPO (RILLENFIEBER)

DER MASSIVE ERFOLG SEI UNSEREM HEUTIGEN GAST HIGHFISH GEGÖNNT, DER SPÄTESTENS MIT SEINEM 'SUCKER DJ'-REMIX (KOTAI / WMF) DIE HERZEN IM STURM EROBERTE UND FAST ZEITGLEICH FÜR ARTIST UNKNOWN (AKA MARTINI BRÖS.) EINEN AUF DISKO B VERÖFFENTLICHTEN REMIX ANFERTIGTE. SEIN AUF WMF ERSCHIENENER DJ-MIX (NIGHTEFFECT) IST NACH WIE VOR ERFRISCHEND VIELSEITIG. WAGTE HIGHFISH SICH DAMALS SCHON AUF ABWECHSLUNGSREICH-NEUARTIGES TERRAIN:
ZWISCHEN SASCHA FUNKE, T.RAUMSCHMIERE, ÜBER MITTE KARAOKE, JACEK SIENKIEWICZ BIS HIN ZU DEN GEBRÜDERN TEICHMANN - STETS ÜBERZEUGT HIGHFISH MIT KLASSE UND STIL SEINER AUSWAHL AN CLUBTRACKS.

DO 10.02.05

DONNERSTAG.TV

ADAM (3BEAT.CO.UK / TBC), DER MAYER,
MAKITO (LATINO ROYAL), SILLA
VISUALS: PLICTION.NET & SPEZIAL: ART-EXHIBITION

BEATS IN ALL SEINEN VARIATIONEN UND FORMEN UND FARBEN, GEKRÖNT UND DEKORIERT MIT LECKEREN PLICTION-VISUALS. AUS ENGLAND ERWARTEN WIR ADAM AUS DEM BERÜHMT-BERÜCHTIGTEN 3BEAT.CO.UK-UMFELD, DESSEN SOUNDSYSTEM DAS VEREINIGTE KÖNIGREICH NICHT NUR MIT REGELMÄSSIGEN RADIOSHOWS UND GIGS ÜBERROLLT. AUCH ZÄHLT DER HAUSEIGENE ONLINESTORE ZU EINEM DER RENOMMIERTESTEN SHOPS AUF DER INSEL. DAS 3BEAT-LABEL UMFASST FERNER INZWISCHENNAHEZU 100 VINYL-VERÖFFENTLICHUNGEN. ADAM GENIESST INZWISCHEN DEN STATUS DES LEGENDÄREN BREAKBEAT-GURUS, DER GERNE AUCH ZWISCHEN DEN STILISTISCHEN MERKMALEN DES TECHNO UND DES DRUM&BASS DRIFTET.

02

FR 11.02.05

RILLENFIEBER

LUX LUPO (RILLENFIEBER)
JOJO HOFMOCKEL (CLEANSUITE / ANTIPOP) LIVE!
WEBSITE: WWW.CLEANSUITE-RECORDS.DE

DER HERR HOFMOCKEL KLOPFT STETS AM PULS DER ZEIT, ERSTRECKT SICH DIE MUSIKALISCHE VIELFALT DES CLEANSUITE-LABELCHIEFS SEINE MUSIKALISCHEN EINFLÜSSE ERSTRECKEN SICH VON DEN RAMONES ÜBER KRAFTWERK UND DER KÖLNER SCHULE BIS HIN ZU MORGAN GEIST UND CARL CRAIG. NICHT NUR DE-BUG-CHEFREDAKTEUR BLEED SCHWÄRMT VON HOFMOCKEL'S MINIMALGHETTODISCOSOUND UND VERGLEICHT SEINEN SOUND MIT DEN ZARTESTEN SEITEN VON FABRICE LIG.

SA 12.02.05

AUDIO VIDEO DISCO

GEBRÜDER TEICHMANN (FESTPLATTEN / BERLIN)
ALEX SK, TROUBLEKIT, MAURO (KLANGMASKE)
WEBSITE: WWW.FEST-PLATTEN.DE

WIR HATTEN NICHT ZUVIEL VERSPROCHEN. DIE GEBRÜDER TEICHMANN ROCKTEN DEN WOANDERSCLUB BEI DER VERGANGENEN AUDIO VIDEO DISCO-PREMIERE IN GRUND UND BODEN. GRUND GENUG FÜR UNS, DIE MASTERMINDS HINTER BEIGEGT UND FESTPLATTEN ERNEUT EINZULADEN, DIE SOEBEN MIT IHREM ERST IM DEZEMBER 2004 ERSCHIENENDEN TRACK (DJ KOZE & GEBR. TEICHMANN - SPEICHER 25) DIE CLUBS ZUM EINSTÜRZEN BRINGEN.

DO 17.02.05

LA BOOM

DJ UNDO (LOFT/FACTOR CITY, BARCELONA)
JÄGER 90 (PASTAMUSIK)
LES LOVE JOCKEYS VIC & PHILLIPE
VISUALS: TOURETTE TV
WEBSITE: WWW.DJUNDO.COM

DJ UNDO AKA GABRIEL BERLANGA IST NICHT NUR RESIDENT DES BERÜHMTEN CLUBS 'LOFT' IN BARCELONA, DER NICHT NUR WÄHREND DER JÄHRLICHEN SONAR-FESTIVALS KULTSTATUS GENIESST, AUCH BETREIBT ER SEIN EIGENES UND RENOMMIERTES LABEL, FACTOR MUSIC. ALS PRODUZENT ARBEITETE GABRIEL ZULETZT AN A SKIDOOS-REMIX FÜR AKUFEN (!) - ALS SUPPORT FÜR DEN ABEND WERDEN PASTAMUSIKER JÄGER 90, LES LOVE JOCKEYS VIC & PHILLIPE UND DIE VISUALISIERUNGS-GENIES DESTOURETTE TVS AM START SEIN.

FR 18.02.05

CLUB LÉGER

MICHAEL FISCHER, LUX LUPO (RILLENFIEBER)

LÉGER, LOCKER UND LEICHTE BEATS, PRÄSENTIERT VON MICHAEL FISCHER UND GASTGEBER LUX LUPO, DIE UNS MIT GESCHICKTEM STYLEHOPPING ZWISCHEN MINIMAL, HOUSE ZWISCHEN VERWINKELTEN ELEKTRO-NISCHEN BEREITS REGELMÄSSIG MIT DEM RILLENFIEBER INFIZIERTEN. KURZUM: WUNDERBAREELEKTRONISCHEMÄDCHENTANZMUSIK.

SA 19.02.05

H.O.T. BEATS

KAREL HACKER LIVE!, MAXX CAVALERRA (TONEMAN)
FLOW (SPURENSUCHE)

FLOW UND MAXX CAVALERRA SIND MÜNCHNER ORIGINALE, DIE SICH STETS ENGAGIERT UND LIEBEVOLL HIERZULANDE UM DEN FORTBESTAND ELEKTRONISCHE MUSIK KÜMMERN, OB PRODUKTION, PLATTENLEGEREI ODER DIE PROGRAMMGESTALTUNG DER SONNTÄGLICH ELEKTRONISCHEN SPURENSUCHE AUF M94.5 - BEIDE SIND PROFIS FÜR FRISCHE SOUNDS UND PRÄSENTIEREN HEUTE KAREL HACKER MIT SEINER LIVE-PERFORMANCE.

DO 24.02.05

SCHWARZE KATZE, WEISSER KATER

VENDAS NOVAS LIVE! (BRETAGNE / FRANKREICH)
STOCK5-ALLSTARS DARIO ZENKER & KID.CHIC
WEBSITE: WWW.VENDAS-NOVAS.COM

EMIR KUSTURICA'S BITTERSCHWARZE SATIRE "SCHWARZE KATZE, WEISSER KATER" WIRKT NOCH HEUTE GROTESK UND BIZARR, SO DASS DER VERANSTALTUNGSNAME SO HERRLICH ZU VENDAS NOVAS PASST: DAS TRIO AUS ANGERE (FRANKREICH) WIRD IN EINEM ATEMZUG MIT DEM KITTYYO-ACT 'SEX IN DALLAS' GENANNT UND ÜBERZEUGTEN UNLÄNGST SELBST KOMPAKT-CHEF TOBIAS THOMAS MIT IHREM ERST IM HERBST 2004 ERSCHIENEN ALBUM 'BARRY BLACK' UND IHREN SKURIL-SCHRÄGEN LIVE-PERFORMANCES. EIN PRODUZENT (JÉRÔME PINCON), EIN DJ (GÉRALD PEAU) UND EINE SÄNGERIN (CAROLE GOLA), DEREN ELEKTRODUBTECHNO-STYLEWAR SELBST FÜR VERSIERTE SPEX-REDAKTEURE KAUM ZU BESCHREIBEN IST.

FR 25.02.05

LE CLICK

MAKITO (LATINO ROYAL/ LONDON (UK)), DUSTY (FUCKUALL)
SIME (PLICTION.NET), CUTZ & MOUSE LIVE!
PHOTOS: BASTI ARLT & GREGOR SIMBRUNNER
VISUALS: PLICTION.NET

DECKSHARKS AUFGEPASST! IM ERFOLGREICHEN UND BEWÄHRTEN KOLLEKTIV WERDEN MAKITO, DUSTY, SIME SOWIE DIE ÜBERAUS CHARMANTEN CUTZ & MOUSE (LIVE!) IHRE STETS ERFRISCHENDE FUSION AUS DRUM'N'BASS UND BREAKZ ZUM BESTEN GEBEN. DIE VISUELLE BEGLEITUNG ÜBERNIMMT PLICTION.NET, ZUGLEICH WIRD DAS ARTWORK DER BEIDEN PHOTOGRAPHEN BASTI ARLT UND GREGOR SIMBRUNNER ERSTMALIG IM W'CLUB AUSGESTELLT. EINE AUDIO-VISUELLE DELIKATESSE.

SA 26.02.05

GOLDMINE / HIT[illegible] DECKS & FX

AMRE IBRAHIM, BABAK KAZEMI, MARTIN MATISKE (GIGOLO)

AUS DER GOLDMINE SICKERN - NUN BEREITS ZUM WEITEN MAL - IM HIT-NONSTOP GLITZERNDE BEATS AUS DEN 6 PLATTENTELLERN, FÜR DEREN GLEICHZEITIGE BESTÜCKUNG AMRE IBRAHIM, BABAK KAZEMI UND MARTIN MATISKE IHR LECKERSTES BATTLE-HARTWACHS EINGEPACKT HABEN.

GESTALTUNG WWW.PROPAGANDABUERO.COM

WOANDERS CLUB
SONNENSTRASSE 12 · 80331 MÜNCHEN
WOANDERS
CLUB
K1

MY MOM
IS A SEXY BITCH.

SO WHAT?!

Jaeger 90
(PASTA MUSIK)
Lux Lupo
(RILLENFIEBER)
SILVESTER
BOOM
31.12.2004
Dresscode: Anders

JAY HAZE
AKA THE ARCHITECT LIVE
(CONTEXTERRIOR, TUNINGSPORK, MUSIK KRAUSE)
CIO D'OR
(TREIBSTOFF)
LUX LUPO
(RILLENFIEBER)
SA 22.01.05
NACHTWIND
WOANDERS CLUB · SONNENSTRASSE 12 · 80331 MÜNCHEN

DE:BUG
BOOM BASS TOUR
SA 19.03.05
JAY HAZE
(CONTEXTERRIOR / TUNINGSPORK)
BLEED
(DE:BUG)
SVEN.VT
(WMF / BERLIN)
WOANDERS CLUB
WOANDERS CLUB · SONNENSTRASSE 12 · 80331 MÜNCHEN
MORE INFOS AT WWW. WOANDERSCLUB.DE

03.12.2004
RILLENFIEBER PRÄSENTIERT
TREIBSTOFF
RELEASE TOUR
CIO D'OR
(TREIBSTOFF-REC.)
MARCEL JANOVSKY
(TREIBSTOFF-REC.)
SUPPORTED BY
LUX LUPO
(RILLENFIEBER)
WOANDERS CLUB
TREIBSTOFF
WOANDERS CLUB
SONNENSTRASSE 12 · 80331 MÜNCHEN

RIGHT,
RIGHT!

Planet Funk
PLANETFUNK
Docking probe leading to forward access tunnel
Forward boost protective cover (landing parachutes underneath)
Pressurized crew compartment
Yaw engines
Pitch engines
Roll engines
105-15785
Reaction system quad panel
Reaction control engines (4)
Cryogenic oxygen & hydrogen tanks
Main propellant tanks
Environmental conrol system space radiation panel
PLANET
FLAMMABLE GAS
FLAMMABLE LIQUID
68720-2

WWW.THS.NU
{ths}
TRASH
AMOK
10
THE
09
END
08
DESIGN
IS THE
PERMANENT EXHIBITION AT
THE SPACED-OUT FLAGSTORE:
07
PAINTINGS+COLLAGE+TRASH
[THS]
SPACED-OUT GALLERY
HUTTROPSTRASSE 69
45138
ESSEN
GERMANY
04
05
06

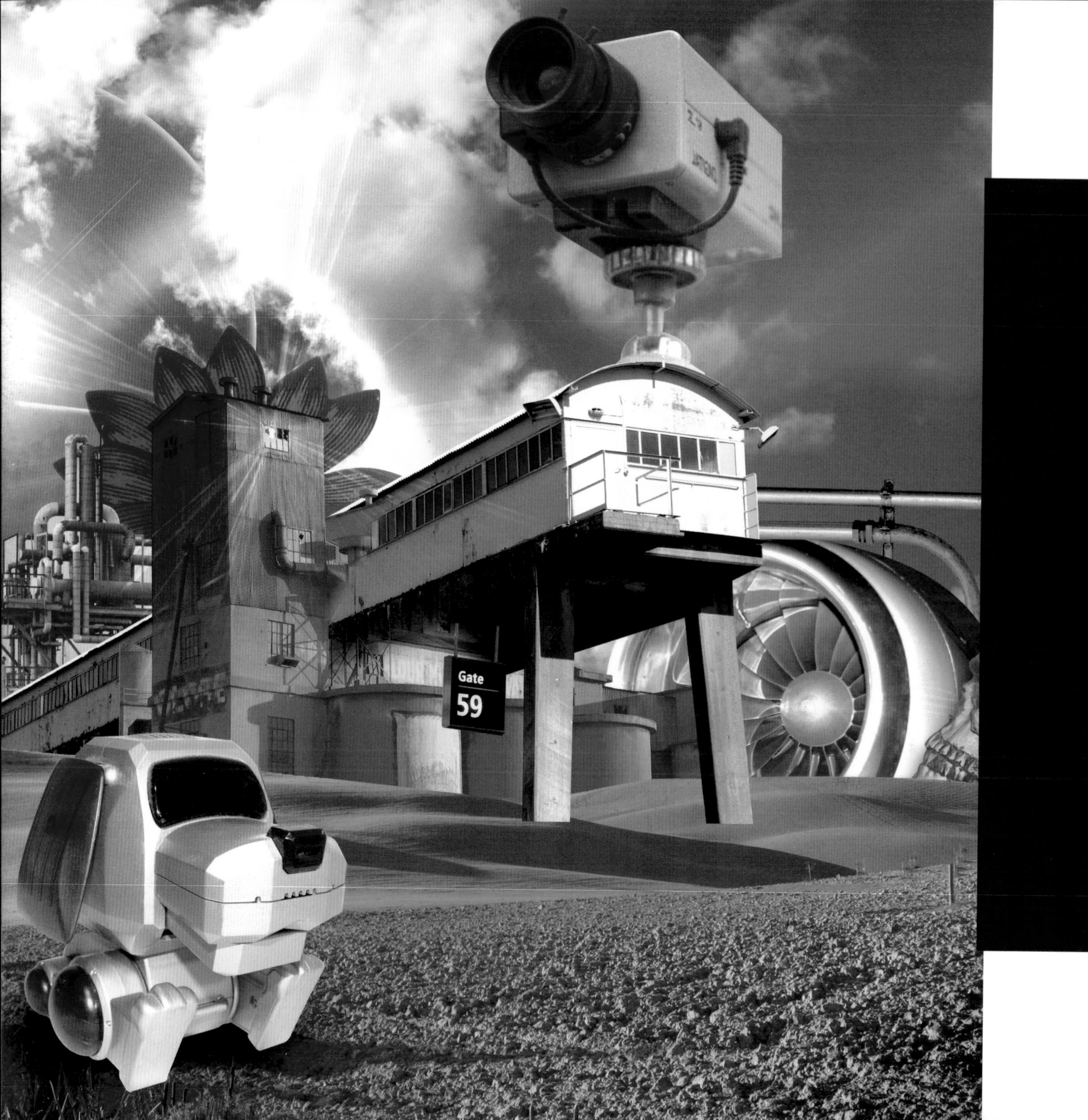
Gate
59

yes!
4 JUNI
SUMMER NIGHT
DJ TEDDYBEER
EN DJ FFATALE
€2,-
Utopia
AFRIKALAAN 94, DRUNEN
TEL: 0416-373979
WWW.UTOPIADRUNEN.NL
Design: www.graphic.nl
typography print
graphic design
creativity
platforms
cut paste
motion pixels
scan Adobe
illustration
process
ideas
Microsoft
macromedia

Goofy and the Regulars
+
Redrum
19 MAART 2005 / 20:30 / € 5,-
Utopia

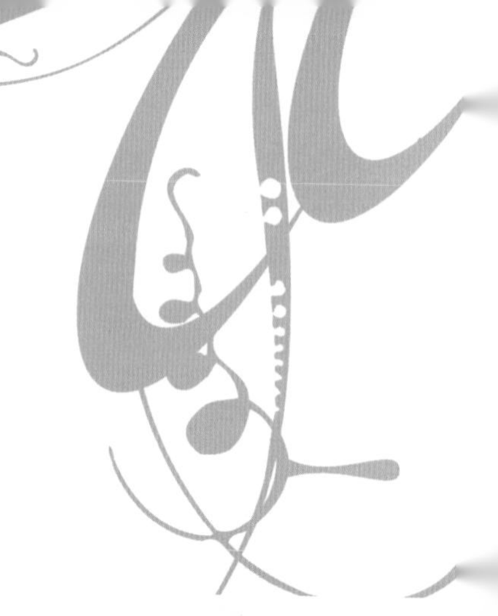

LOUNGE
at
NIGHT
Hi, It's time to relax (you know what that means) A glass of wine, your favorite easy chair. And ofcourse, this compact disc playing on your own stereo. So go on, endulge yourself. That's right, kick of your shoes, put your feet up. Lean back and just enjoy the melodies Afterall, music soothes even the savage beast.
Zaterdag 4 December
Aanvang: 21:00
Entree: € 2,-
Utopia
AFRIKALAAN 94, DRUNEN
TEL: 0416-373979
WWW.UTOPIADRUNEN.NL

www.jinnmusic.nl
JINN
ALTER EGO X
www.geocities.com/the_ego_returns
ROCK music
Zaterdag 17 Juli 2004
Zaal open 21 uur
Entree € 3,-
Utopia
Afrikalaan 94, Drunen
Tel: 0416-373979
www.utopiadrunen.nl

Electronic music night
Zaterdag 18 december
21:00
€ 2,-
Cabin Music Label Night:
Flugroove (live) + Clemm (live)
& NHG Fabrik
Utopia
AFRIKALAAN 94. DRUNEN
TEL: 0416-373979
WWW.UTOPIADRUNEN.NL

NEW years party
Dance@ Night Till Dawn
€2,-
Zaterdag, 1 Januari 2005 om 0:30 uur
Utopia
AFRIKALAAN 94, DRUNEN
TEL: 0416-373979
WWW.UTOPIADRUNEN.NL

VRIJDAG 25 MAART
AANVANG: 21:00
SUPER GRATIS ENTREE!
ROCK/METAL
HELLISPHEAR
Utopia
AFRIKALAAN 94, DRUNEN
TEL: 0416-373979
WWW.UTOPIADRUNEN.NL

Achterom
is 't
Kerremus!
Strienestad 2005
Stichting Karnaval Steenbergen

JAMI
BELLYDANCING
BREAKBEAT
NOISESHAPER
DIFFERENT DRUMMER
REITSCHULE
DACHSTOCK
BERN
FREITAG 14. NOV
VORVERKAUF:

CAFÉ PLUS
EEN MOMENT VAN RUST
NU EXCLUSIEF BIJ CAFÉ PLUS EEN HEERLIJKE KOP LAURENTIS KOFFIE VOOR MAAR EI,-
Wat zal ik vanavond eens koken...pasta....of misschien vis....maar wat moet ik erbij maken...

Primal Sessions Unplugged
Primal Sessions Unplugged
De beste akoestische en folkmuziek
Kunstcafé
Dwaze Zaken
Prinshendrikkade 50
1012 AC Amsterdam

ARTISTS ON
MILITARY SPOTS

CARLO GOZZI
DAS BLAUE UNGEHEUER
MÄRCHENKOMÖDIE
PREMIERE AM
27.08.2004
28.08. 29.08. 03.09.
04.09. 05.09. 10.09.
11.09. 12.09.

tranquilizanté del elefanté
dobladillo de 2 cm.
o
i

ELEPHANT
TRANQUILIZER
dian
l Buzzard at Low Earth Orbit. San Jose CA
Mastered by Trevor Sadler, Milwaukee WI
Art Director
SFAUSTINA* design
www.sfaustina.com
Gene Nite: Lead Guitar/Vocals
Josh Santaga: Bass/Vocals
Troy Kooper: Vocals/Rhythm Guitar
Clay Parton: Drums/Noise
04 el buzzard / The Electric Human Project
Also available on vinyl
www.el-buzzard.com
The Electric Human Project
500 South Union Street
Wilmington, DE 19805
www.electrichumanproject.com

El Buzzard
tranquilizanté del elefanté
elephant tranquilizer
tranquilizanté del elefanté
EL BUZZARD
ELEPHANT
TRANQUILIZER
Quicktime enhanced CD.
Insert into computer to view video

scarful

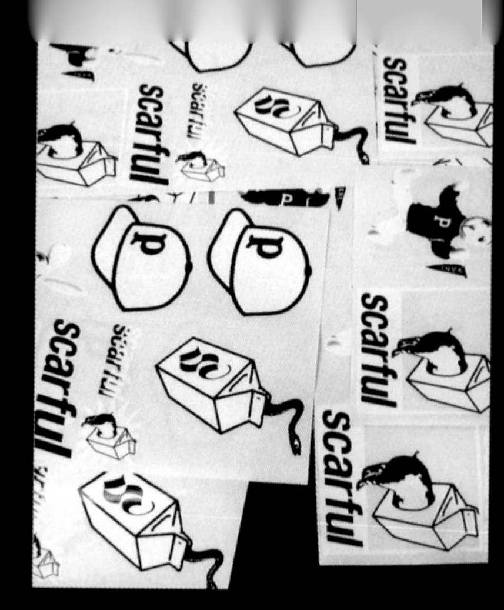
scarful

HIC

WHY
STYLE

PIG IN
SNAKE

diffuse it!

THIS's IT

YEAH!

I LOVE TH
WAY
THEY SCREA
WHEN THEY
DIE!

Bleed!

DEATH
IS YOUR SAVIOUR!

UGH!
YOU'RE WEAK!
Bleed!!

Why Style

1992 2002
THE RIOT
VANDALS
UN GIOCO DA RAGAZZI
DEATH!

GES

SMOKE
CRACK
JESUS

Zu
THE RUINS
ontour
NO MEANS NO
&
ZU
ZU
European Tour 2004
ZU
FAST&FURIOUS INSTRUMENTAL PUNKJAZZ FROM ITALY
APPEARING AT:
Zu
instrumental punk-jazz from italy

ZU AND STEVE McKAY
THE STOOGES'S SAXOPHONIST
EUROPEAN TOUR 2005
FAST&FURIOUS INSTRUMENTAL
PUNK&JAZZ FROM ITALY

scarful

Thanks to my Crew:

Joe, Jon, Mirai,
Nico, Pane and Stand.

 Ryan Katrina, Neuarmy (USA)

Ryan Katrina, Neuarmy (USA)

Want me, spin faste

HOLLYWOOD

Time doesn't stop, never ends,
you can't catch up Love, Just kiss back
money hungry starving more
Are my five minutes up?

HOLLYWOOD
so good be
ish you were here...

HOLLYWOOD
spoiled rotton stars
of young hollywood

NEUARMY

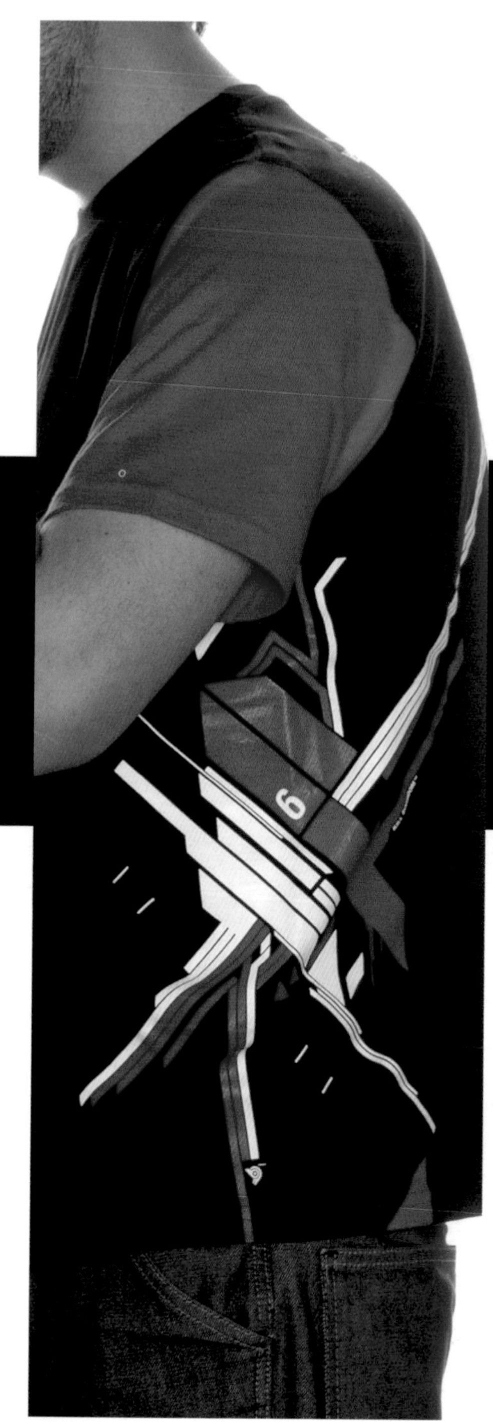

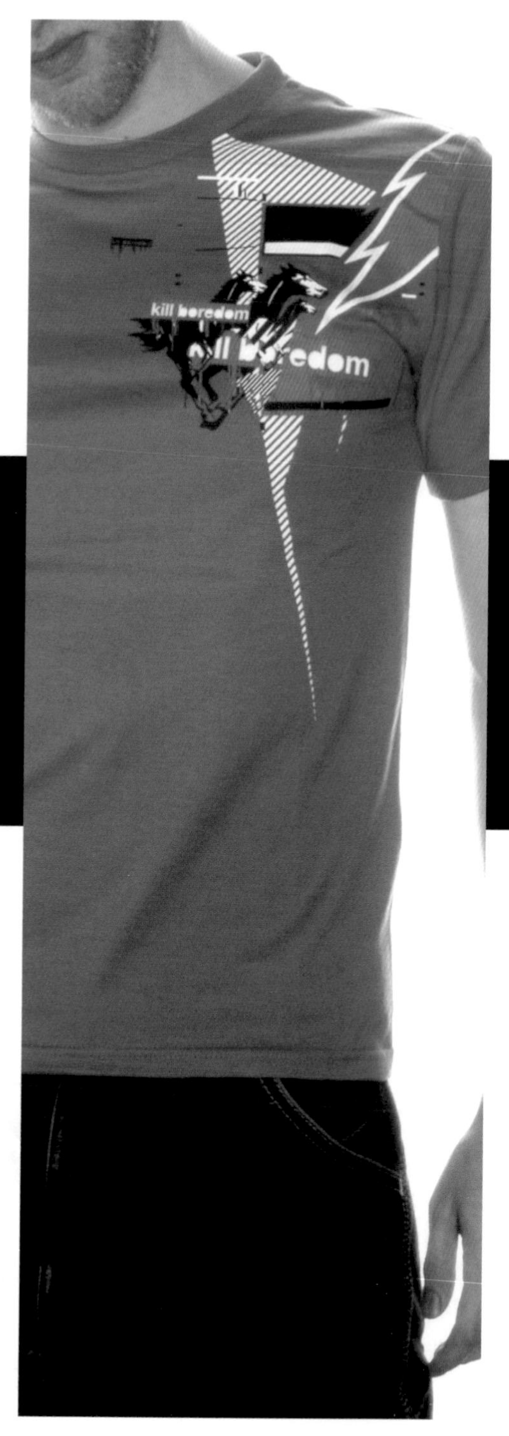

Viagrafik, Germany

room 69 unplugged
THERE IS A NEW LIVING ROOM IN TOWN - AN OPEN MIND AND HEART PLUS THE DESIRE
TO GREATLY ENRICH ONE'S LIFE IS ALL YOU NEED TO BRING TO...
LIVING room 69 unplugged

SEE BACK OF FLYER FOR DETAILS!
DATE:
.28.02.04
PREACHERS CLUB™ MEETS COA™
preachers club
THE FINEST IN HOUSE MUSIC
COA ESS BAR
COA™
PREACHERS CLUB™
PREACHERS CLUB MEETS COA

KILL BOREDOM
KILL BOREDOM
KILL BOREDO
TM
TM
TM

Go naked!
2005

get alive
MUSIC TELEVISION
TM

get alive

Roberto Bagatti, Italy

JAZZ NO JAZZ
TOTAL RUNNING TIME: 74 min. CLD CD 013 / 03
JAZZ NO JAZZ
A SELECTION OF THE BEST ELECTRO-JAZZ TUNES
INCLUDING: BLAZE, NUSPIRIT HELSINKI, MARC MOULIN, RE-JAZZ, SHAUN ESCOFERY...
JAZZ NO JAZZ CLD CD 013 / 03

MARC MOULIN, RE-JAZZ, SHAUN ESCOFERRY...

TOTAL RUNNING TIME: 74 min.

SPINNING THE DECKS

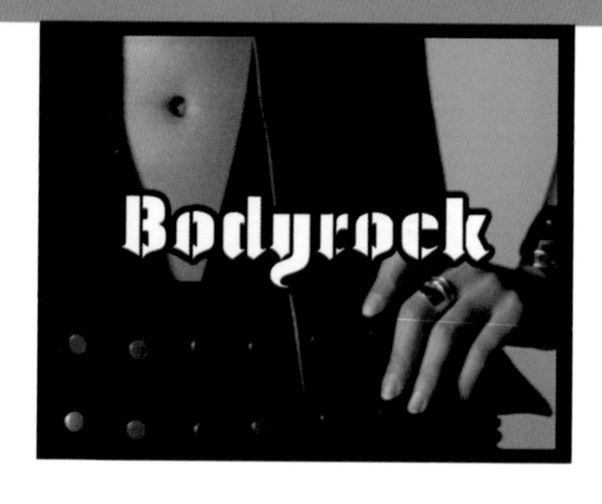
Bodyrock

SPINNING THE DECKS

MTV
MUSIC TELEVISION
CLUB
GENERATION

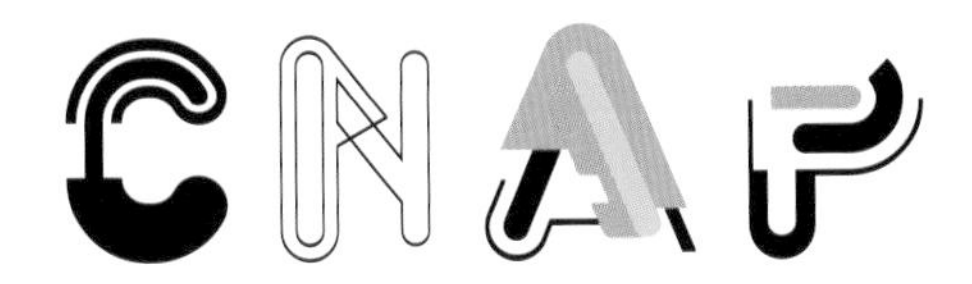
CNAP

CNAP

CNAP

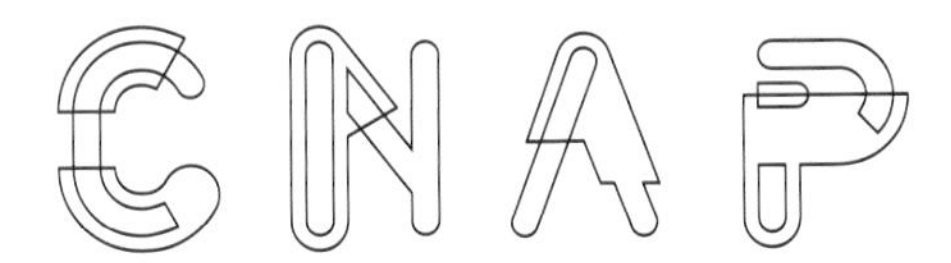
CNAP

JULIE'S
HAIRCUT

Aprilius / Maius / Iunius 2004

Musicae

Luca Siracusa, Italy

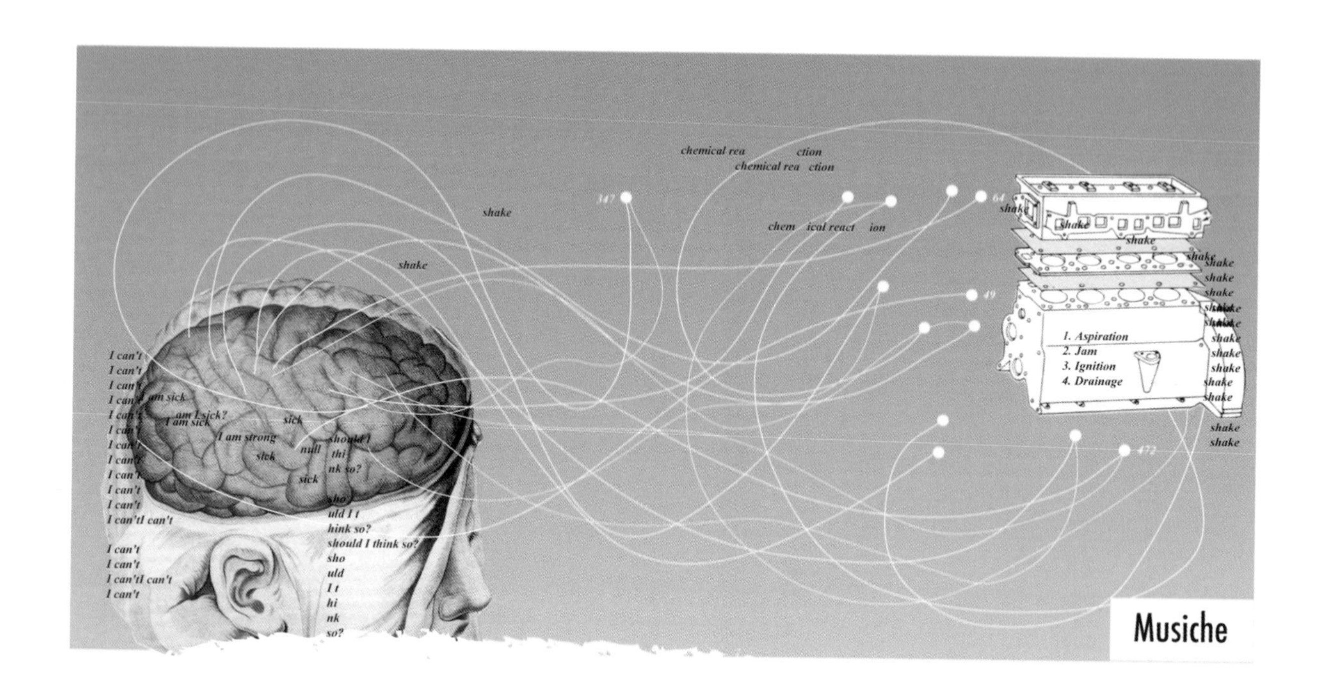
chemical rea ction
chemical rea ction
shake
chem ical react ion
shake
1. Aspiration
2. Jam
3. Ignition
4. Drainage
I can't
I am sick
am I sick?
I am strong
sick
null
should I think so?
Musiche

45135486
Zō

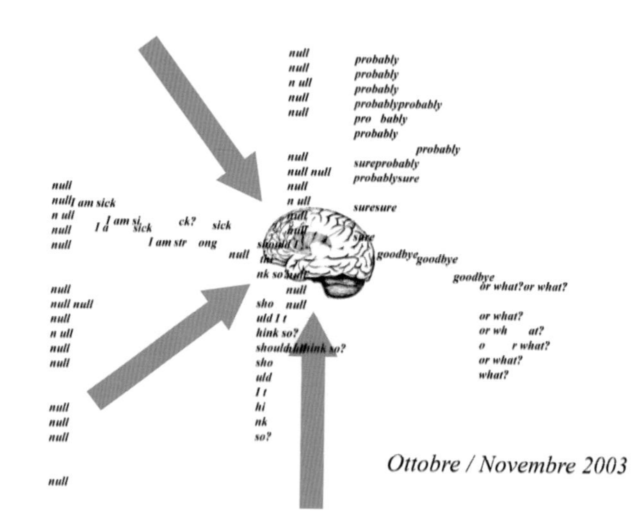
null
probably
sureprobably
probablysure
suresure
I am sick
I am strong
goodbye
or what?
should I think so?
Ottobre / Novembre 2003

Zō

Luca Siracusa, Italy

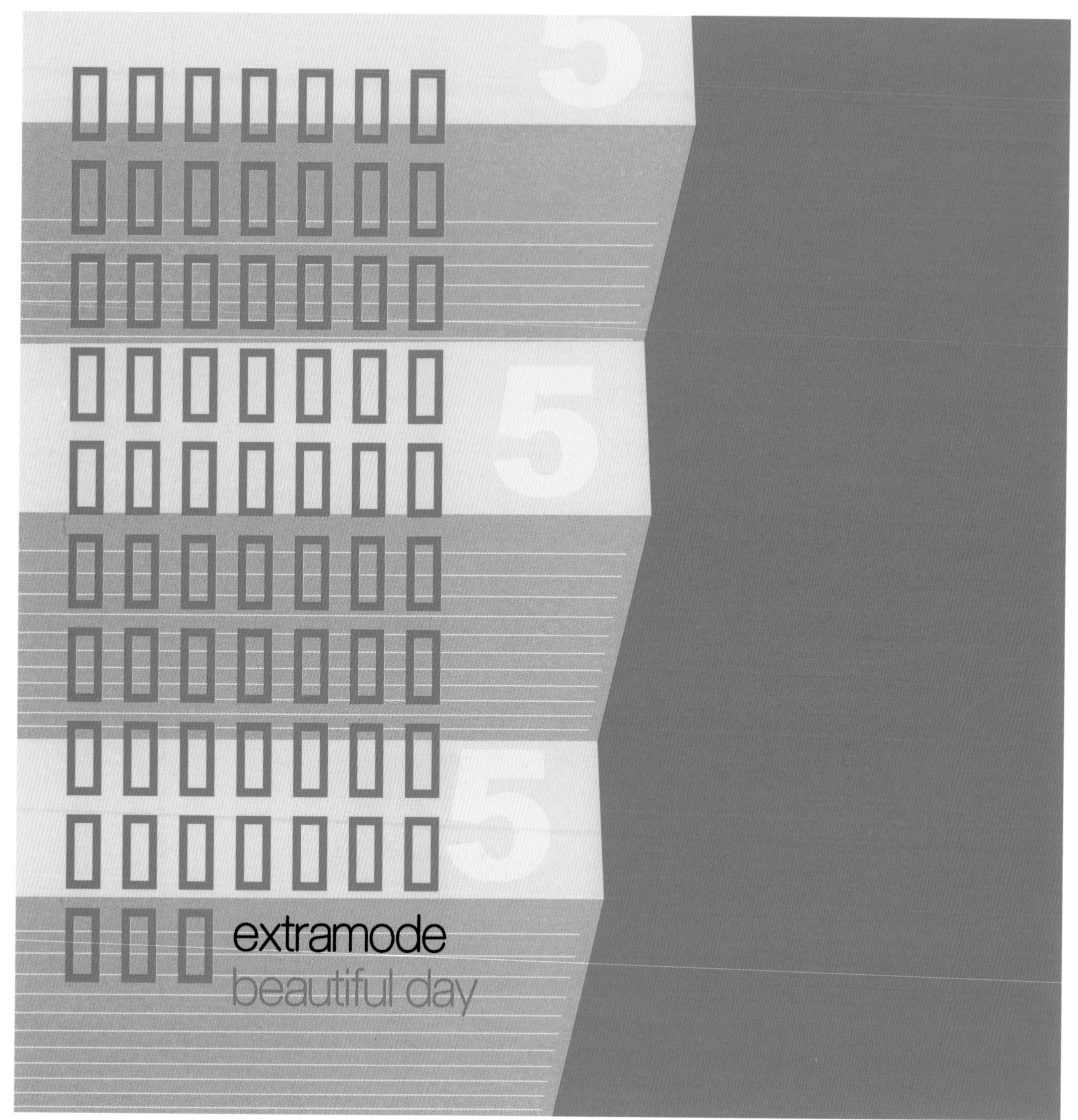
extramode
beautiful day

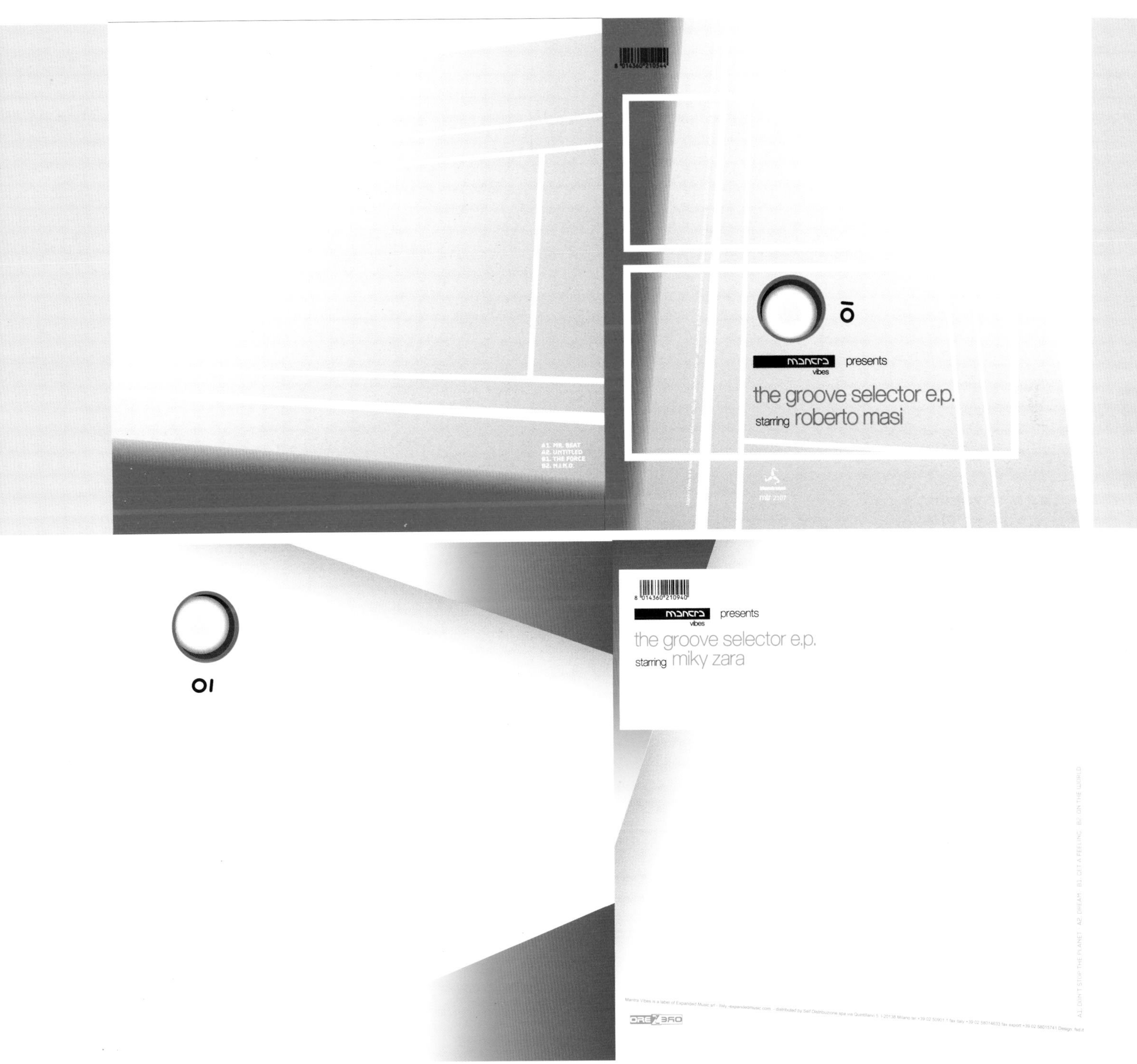

A1. MR. BEAT
A2. UNTITLED
B1. THE FORCE
B2. M.I.R.O.
01
mantra vibes presents
the groove selector e.p.
starring roberto masi
01
mantra vibes presents
the groove selector e.p.
starring miky zara

Xplosiva 'n' Luca Ba
NEOA
8 014360 220840
MTR 2208
design: fs
Mantra Vibes is a label of Expanded Music srl - Italy - www.mantravibes.com - contact: marco@expandedmusic.com - fax +39 051 6643766 - tel. +39 051 6643711 - Distributed by Global Net Srl IV Trav. Via Pisciarelli, 46, 80078 Pozzuoli (Na) tel. +39 81 230 32 96 - fax +39 81 230 33 61 www.global-net.it e-mail:info@global-net.it

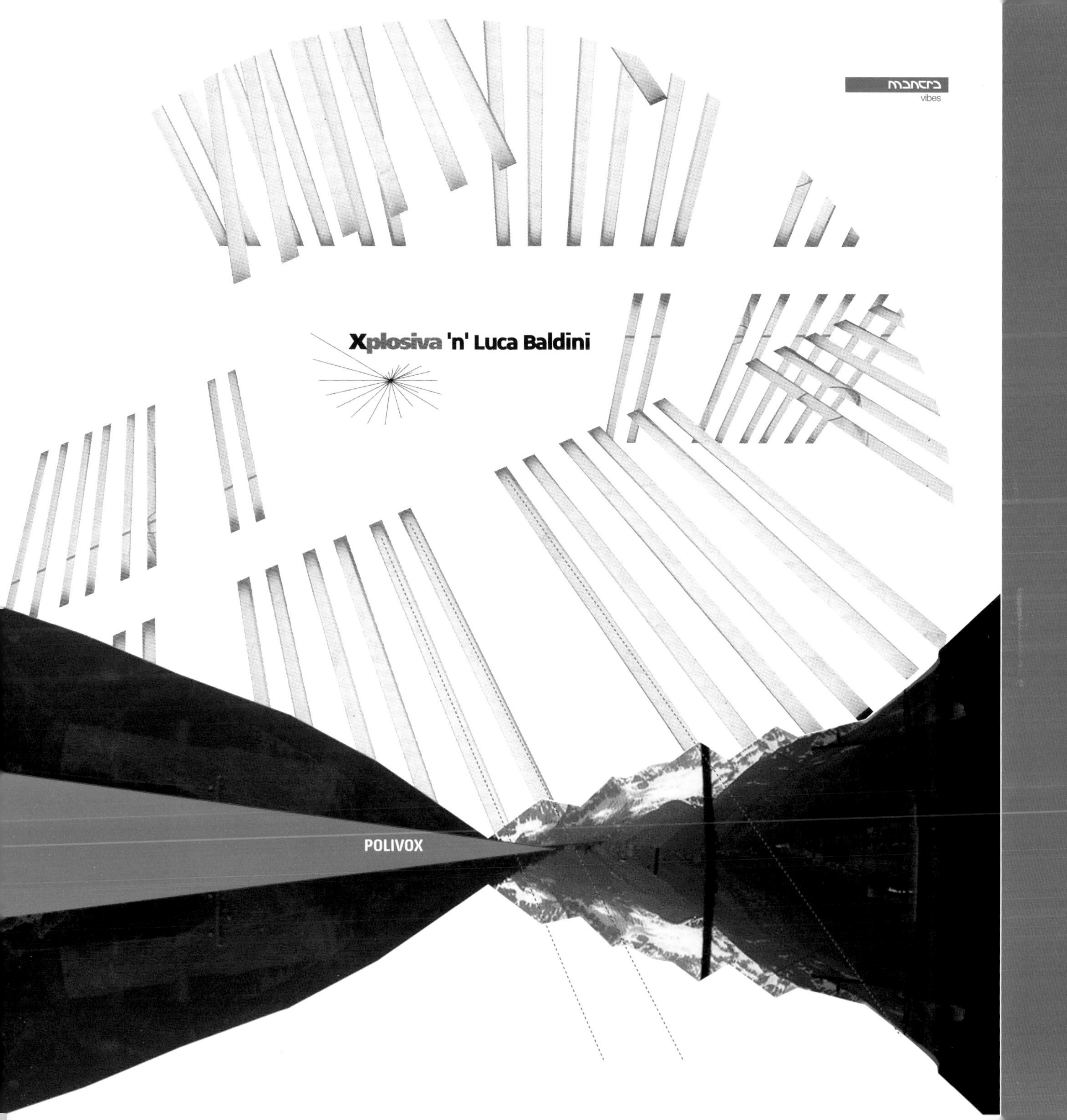
Xplosiva 'n' Luca Baldini
POLIVOX

SANTOS
mantra
vibes

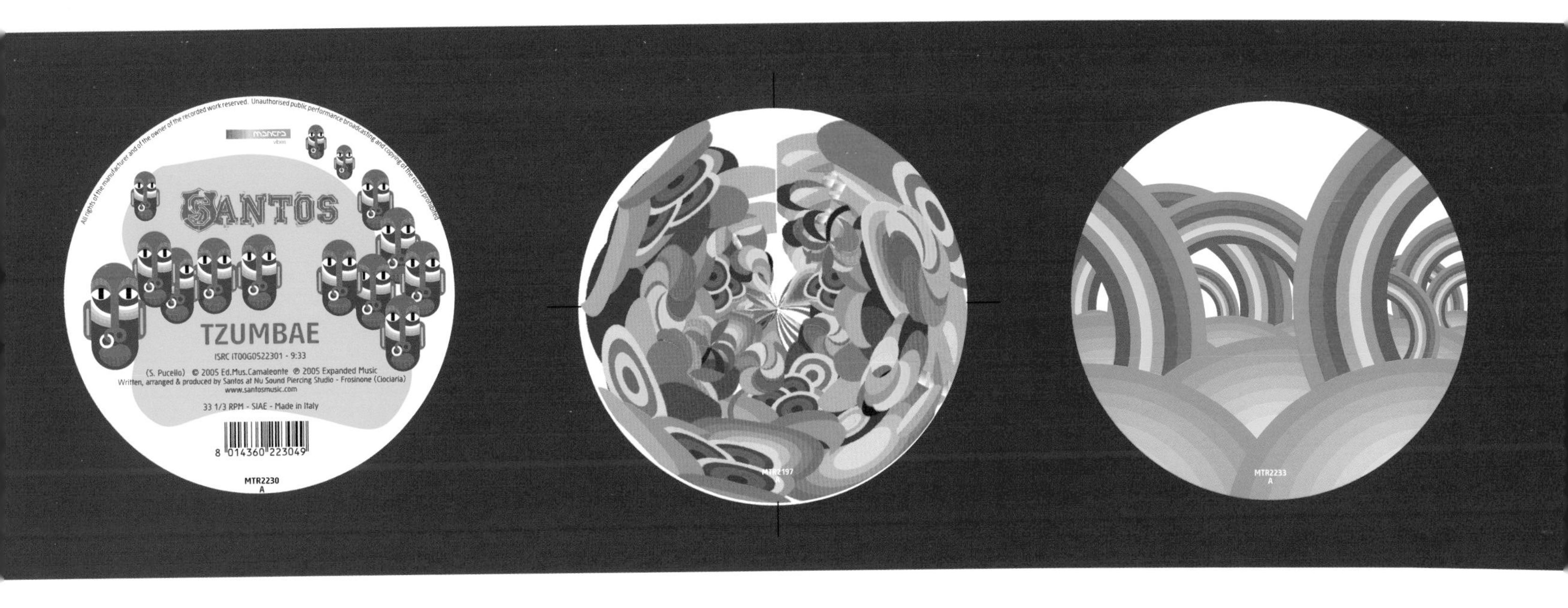
All rights of the manufacturer and of the owner of the recorded work reserved. Unauthorised public performance broadcasting and copying of this record prohibited
mantra
vibes
SANTOS
TZUMBAE
ISRC IT00G0522301 - 9:33
(S. Pucello) © 2005 Ed.Mus.Camaleonte ℗ 2005 Expanded Music
Written, arranged & produced by Santos at Nu Sound Piercing Studio - Frosinone (Ciociaria)
www.santosmusic.com
33 1/3 RPM - SIAE - Made in Italy
8 014360 223049
MTR2230
A
MTR2197
MTR2233
A

A1 - PSIKO GARDEN
(John Acquaviva Re-Edit)
B1 - PSIKO GARDEN
(Ashtrax Remix)
mantra
vibes
MTR 2197
8 014360 219745

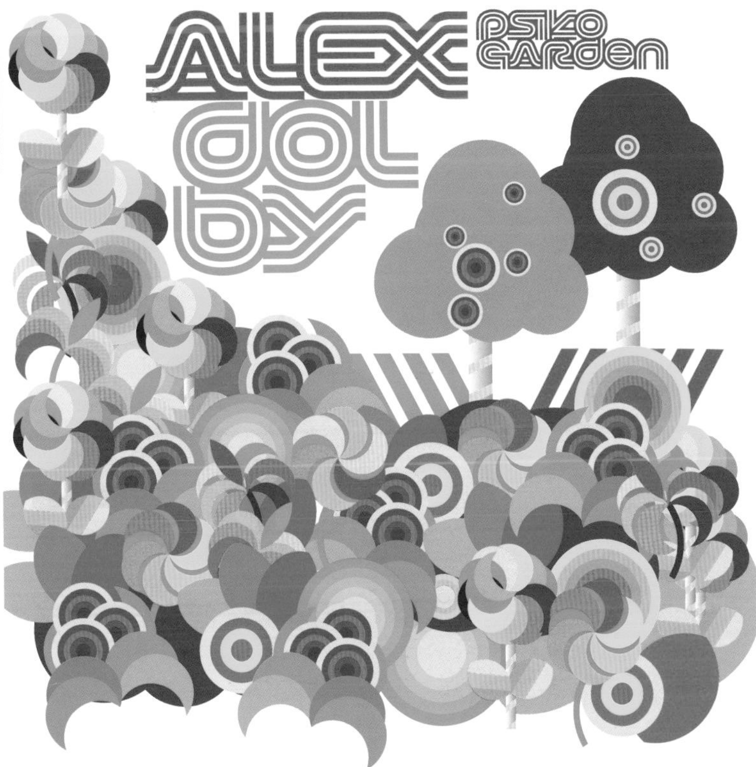
ALEX
dolby
PSIKO
GARDEN

Fabrizio Schiavi, Italy

mantra
vibes
Xplosiva 'n' Luca Baldini
POLIVOX
ISRC IT00G0422081 - 7:53 - (L. Baldini)
45
RPM
© 2004 Ed.Mus.Camaleonte
℗ 2004 Expanded Music
Written by Luca Baldini, Giorgio Valletta
and Sergio Ricciardone.
Produced by Luca Baldini
@ Disco Delirio Studio, Milan.
SIAE- Made in Italy
MTR2208 A

MTR2144

Xplosiva 'n' Luca Baldini
8 014360 220840
NEOACID
ISRC IT00G0422082 - 7:55 - (L. Baldini)
mantra
vibes
© 2004 Ed.Mus.Camaleonte
℗ 2004 Expanded Music
Written by Luca Baldini, Giorgio Valletta
and Sergio Ricciardone.
Produced by Luca Baldini
@ Disco Delirio Studio, Milan.
45 RPM - SIAE- Made in Italy
MTR2208 B

8 014360 214443
mantra
vibes
GC : HUMEDA
logo side (A) 45 rpm:
HUMEDA* (Alma Humeda Tribe Mix)
ISRC IT00G0221443 - 7:01
this side (B) 33 1/3 rpm:
HUMEDA *
(Alma Humeda T90 Mix)
ISRC IT00G0221441 - 5:22
HUMEDA*
(Alma Humeda Vocal Bonus)
ISRC IT00G0221442 - 1:12
*(G. Cappai/C. Damas) © 2002 Ed.Mus.Camaleonte - ℗ 2002 Expanded Music
SIAE - Made in Italy
All rights of the manufacturer and of the owner of the recorded work reserved. Unauthorised public performance broadcasting and copying of the record prohibited
MTR2144

Scott Hansen, USA

BIO

27/35

Robert Rebotti, Jacklamotta (IT)
www.garadinervi.com
whoo@garadinervi.com
kiari, piazza fontanesi, dylan thomas, dino campana, patterns, carta da parati, posters, musica, arte, rivolte, collages, emanuel carnevali, le parole nuove, concetti, contenuti, contesti, dialettica, bergantino, il paese della giostra, i nervi, ihb, hip-hop, hard-core attitude, politics, underground, comunicazione, rabbia, sellotape, stencil, la battuta delle sbarre, il tempo, contare un conto alla rovescia

36/43

Studio 't Brandt Weer (NL)
www.tbrandtweer.nl
studio@tbrandtweer.nl
remember the inspiration to keep it holy, thous shalt not kill any ideas, thous shalt steal anything but originality, thous shalt not covet anything that is thy neighbor's because thy shalt not need it anyway, thou shalt play with fire

44/49

Cocoe (ES)
www.cocoe.com
info@cocoe.com
Cocoe is a germ. It existed long before Microbians and Jean Duprez met, even before they were born. In fact, it existed long before Leonardo was given his first box of crayons and before Heratostenes thought about playing football with the earth. It has existed since the very beginning. Many people ponder about what is art, and what is artistic or simply aesthetic. This is not so with Cocoe, for it understands all of this; it is fully aware that everything depends on itself, that, without itself, none of these terms would exist.

50/51

Paper Resistance (IT)
www.inguine.net
reistance, research, repeated

52/61

Linda Zacks (USA)
www.extra-oomph.com
linda@extra-oomph.com
raw & juicy, words words words, color outside the lines, spit out the alphabet, flick ink, make a mess, sweat, > the picture paints itself, creativity, thinking so hard it hurts, basquiat & ralph steadman, love, hate, laughing, crying

62/64

Jeremy Pruitt / THINKMULE (USA)
www.thinkmule.com
jeremy@thinkmule.co
Intense, cooperative, collective, revealing, appointee, betoken, steward, mix, fusion, raw, union, humus, revolt, glow, hue, mask, adorn, bloom, embellish

65/71

Jewboy Corporation (IL)
www.jewboy.co.il
i@jewboy.co.il
sex. sex. sex. mac. mac. mac. fabric. lights. violence. unfortunate death. unnecessary death. heat. hit. am i my worse enemy. sex. girl. baby. baby2. love. pilot hitecpoint v7. yes. syntactic. anti-semitism. jewboy. jewboy. jewboy. jewboy. paper cuts. Kim Hiorthoy. eyeglasses. helvetica regular. pillow. Ded Associates. mac. boom. Rojo. co. il. European community!?. concrete. scotch. scotch. copy-paste. hate. ego. shoot don't talk. purpose. 04:00. 02:00. 03:30. flatten image. fun!?

72/79

Pax Paloscia (IT)
www.paxpaloscia.it
pax.paloscia@katamail.com
illustrazioni, fotografie, scatti, attimi, studio14, disegni sui compiti in classe di latino, roma, pittura, l'amore, una voce degli anni 60 su una base remixata

80/85

Niko Stumpo (IT/NL)
www.abnormalbehaviorchild.com
me@abnormalbehaviorchild.com
colori, punani, ragazze, amsterdam, lee perry, paradiso, streetbiking, sun,park, happy faces, deadbeat, autopoieses, general palma, soundsystems, queens day, keep it thoro, ollie kickflip, nollie half cab, wallrides, ganga, romamilanoamsterdam, aiko.

86/91

Michael McGrath (USA)
www.dirtybrush.com
mcgrath@dirtybrush.com
expressive tools, design, fine art, books, photography, paintings, cardboards, boston

92/95

Mauro Gatti, The Brain Box (IT)
www.thebrainbox.com
mauro@thebrainbox.com
Alienation, emocore, dirt, fun, coffee and cigarettes, kubrick, desaturation, baseman, fruitjoy, motion, lazy, inspired, responsability, tangerine, death cab for cuties, doodle, my pilot hi-tecpoint, my doorbell, paper, funny faces, a concept behind, chat and wacom pen

96/101

Sebastian Onufszak (GER)
www.ingraphicswetrust.com
onufszak@ingraphicswetrust.com
apple, beer, cyan, design, ecstasy, fast food, graphics,

headache, illustrator, julia, key, leia, magenta, new world order, odyssey, polska, quiet, render, sushi, tron, uterus, valkyries, white russian, xenon 2 megablast, yellow, zarathustra

102/103

Thomas Schostok (GER)
www.ths.nu
ths@ths.nu
THS, design, artwork, typography, flyers, graphic design, web design, print-design, shockwave, experiments, experimental, art, freelance, culture, flash, wunderkind, Beast Magazine, sketchbook, gluebook, essen, germany

104/109

Teis Albers, Hypnoteis (NL)
www.graphik.nl
info@hypnoteis.nl
Colours, placement, computer, typography, magic, movies, music, Erika, friendship, parents, dancing, coffee, sleep, thought, nightmares, productivity, madness, anger, beauty, nature, animals, city, urban, grafitti, stencils, dreams, micro cosmos, deep blue sea, flyers, posters, furniture, candle light, 8-bit., plants, neon, xerox, old paper, spot vernish, gold, silver, guitar, chili souce!

110/111

Attak (NL)
www.attakweb.com
attak@attakweb.com
threepiece design collective, 's-Hertogenbosch, The Netherlands, printed matter, fonts, illustrations

112/113

Danny Franzreb, Taobot (DE)
www.taobot.com
danny@taobot.com
love, fate, restless, passion, dedication, art, design, direction, writing, concept, development, experimental, educated, self-taught, dirty, clean, sexy, interactive, print, motion, creation

114/115

Nick Walker (UK)
www.apishangel.co.uk
nick@apishangel.co.uk
urban art, graffiti, bristol, stencil, spraypaint, canvas, emulsion paint, wood, cardboard, art

116/119

SFaustina (USA)
www.sfaustina.com
sf@sfaustina.com
experimental art, art, freelance art, freelance graphic designer urban culture, typography, free fonts, web design, web development, logo design, print, flers, bloodwars, free graffiti magazine, art, tagging, throw ups, outlines, ink, design

120/122

Scarful, Why Style (IT)
www.scarful.com
scarful@scarful.com
Il sangue può sollevare il mondo, il sangue fa cadere la pioggia, il sangue fa crescere la terra, nel sangue tutti gli uomini nascono e muoiono, il sangue è il cibo degli dei

124/126

Ryan Katrina, Neuarmy (USA)
www.neuarmy.com
ryan@neuarmy.com
Designer, Web Designer, Graphic Designer, Creative, Artist, Fine Artist, Mixed Media,Typography, Logo Design, Silkscreen, Print, Print Making, Painting, Freelancer, Graffiti, Street Art, Urban Culture, Hip Hop, Flash, Stickers, Photo, Photography

128/131

Viagrafik (GER)
www.viagrafik.com
info@viagrafik.com
design, cd cover, poster, flyer, illustration, t-shirts, book, booklet, interior design, font, 1998, art, team, exhibition, wood, objects, music, web

132/135

Roberto Bagatti
rbagatti@yahoo.it
The silence of the countryside. All the noise you could possibly bear. A distorted scream that could blow you apart or the microscopic sound of a sine wave. The colours of a tree that flows through the breeze and the flowing drone of a bumble bee.

136/139

Luca Siracusa / ZoMedia
www.zomedia.it
luca@dianeandtheshell.net
C-64 sucks. Sinclair Spectrum rulez. Minimalism. Atic Atac. Steve Reich. Gnocco fritto. Mooporama. Open sourceorama. StormAndStress. Unix. Unix shell. Diane and the shell. What the hell?

140/147

Fabrizio Schiavi (IT)
www.fsd.it
info@fsd.it
Pisarei e fasö, gnocchi, gnocche and fonts. Experiments, me, myself, I and me. Sun, green, rain, blue intense, my paradise with my dogs. Again.

148/149

Scott Hansen, ISO50 (USA)
www.iso50.com
graphic design, website, design, sacramento, california, music, tycho, print, photography, posters

GameSpotting: Get in to the Groove

Matteo Bittanti

La musica è un genere videoludico. Il successo dei *music games*, inaugurato da *Parappa The Rapper* (SCEJ, 1997) e rilanciato dalla serie *Dance Dance Revolution* (Konami,1998) non accenna a declinare. Al contrario, nell'ultimo lustro il legame tra musica e ludus elettronico si è fatto ancora più forte. *Dance Dance Revolution* è riuscito a trascendere lo schermo per diventare un vero e proprio fenomeno di massa, al punto da venir immortalato sullo schermo da film come *Wasabi* e *Lost in Translation*. Konami ha coniugato il ballo con l'agonismo, il beat con il bit allevando migliaia di fans che oggi si raccolgono attorno a siti come *Dance Dance Revolution Freak* (http://www.ddrfreak.com/) o *Bemani Style* (http://www.bemanistyle.com/).

Dance Dance Revolution ha debuttato nelle sale giochi nipponiche nell'ottobre del 1998, diventando rapidamente il fenomeno ludico di fine millennio. L'arrivo su PlayStation non si è fatto aspettare. Nell'aprile del 1999, *Dance Dance Revolution* rilancia la serie anche nella dimensione domestica, totalizzando tre milioni di pezzi in pochi mesi. Lo sbarco in occidente risale all'anno successivo: anche gli arcade americani si fanno contagiare dalla mania del ballo sfrenato. Nel marzo del 2001, *Dance Dance Revolution* viene distribuito su PS2 negli Stati Uniti e in Europa, con prevedibile esplosione di comunita' di fans. Le uscite di nuove proposte ludo-ballerine si susseguono a ritmi frenetici: *Dance Dance Revolution Disney Mix*, *Dance Dance Revolution Konamix*,

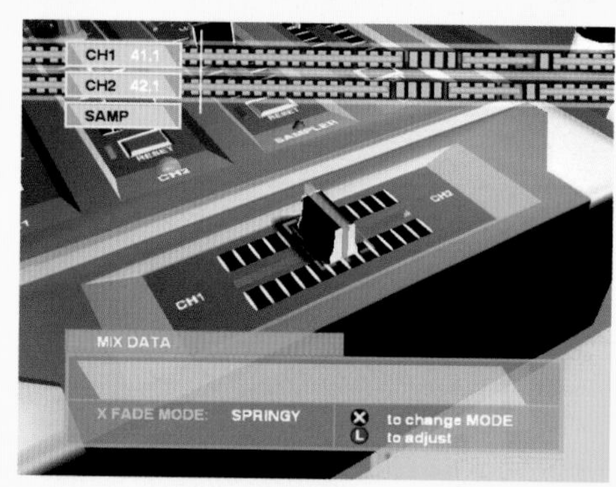

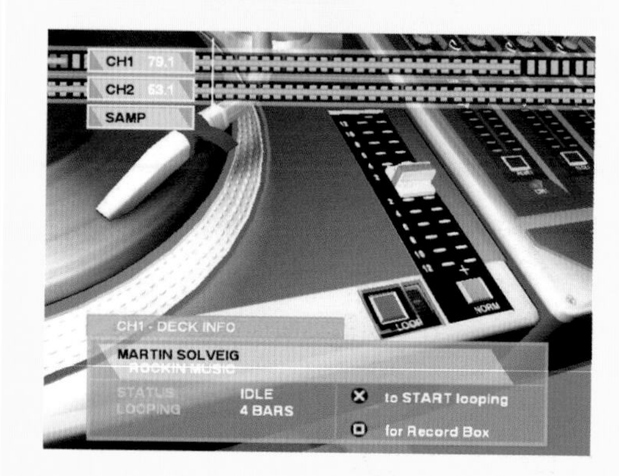

Dj decks

GameSpotting: Get in to the Groove

Matteo Bittanti

Music has become a videogame genre. An extremely popular one. Whether you're an aspiring singer in an '80s hair band, a wannabe rapper, a DJ in training or a future line dancing superstar, there is at least one videogame that gets you one step closer to achieving your dream. The popularity of music games, inaugurated by such games as *Parappa The Rapper* (SCEJ, 1997) and *Dance Dance Revolution* (Konami, 1998) is not a fad: music games are here to stay. In the last five years, thanks to Konami and Sony, the connection between music and electronic play has become stronger.

Dance Dance Revolution transcended the monitors to become a massive phenomenon, as movies like *Wasabi* and *Lost in Translation* proved. The original arcade game made its debut in Japan in October 1998 and quickly became the number-one gaming craze in the country. The first PlayStation® version of the game was released in Japan in April 1999 and boosted the franchise's popularity even further, selling more than 3 million units cumulatively. *DDR* hit the U.S. arcades that next year, and in March 2001, Konami introduced *Dance Dance Revolution* for Sony PlayStation, which developed a massive fan base. Subsequent releases in the U.S. include *Dance Dance Revolution Disney Mix* and *Dance Dance Revolution Konamix*, released for the PlayStation, *DDRMAX Dance Dance Revolution*, *DDRMAX2 Dance Dance Revolution* and *Dance Dance Revolution Extreme* released for the PlayStation2, *Dance Dance Revolu-*

DDRMAX *Dance Dance Revolution*, DDRMAX2 *Dance Dance Revolution*, *Dance Dance Revolution Extreme*, *Dance Dance Revolution UltramixX*, *Dance Dance Revolution Ultramix* 2, conquistano i supporter di PS2 e Xbox. Nel gennaio 2005, le vendite complessive di *Dance Dance Revolution* avevano superato i 7.5 milioni di pezzi.

Le ultime incarnazioni di questa intramontabile serie – *Dance Dance Revolution Extreme* 2 (Konami, PS2) e *Dance Dance Revolution Ultramix* 3 (Konami, Xbox), per tacere delle innumerevoli versioni da sala giochi – confermano che il trend è tutt'altro che finito. I nuovi episodi casalinghi di *Dance Dance Revolution* consentono di sfidarsi online, trasformando l'esperienza del ballo in una competizione globale. Anche Nintendo si è lasciata travolgere dalla passione per il *rhythm'n'game*: si pensi a *Dance Dance Revolution: Mario Mix* (Nintendo, 2005), sviluppato da Konami, che ha come protagonista il celebre idraulico italiano. Ven-

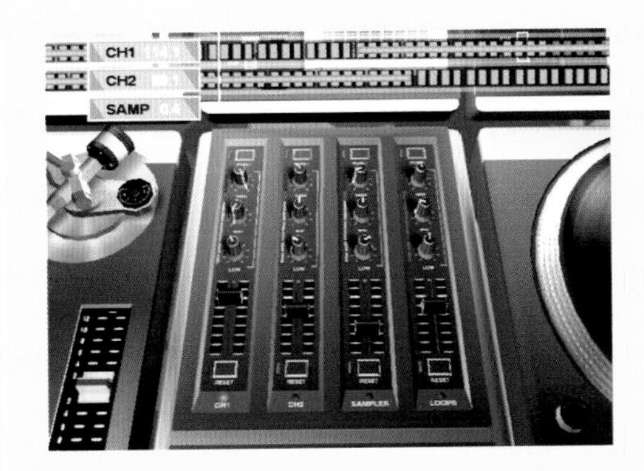

Dj decks

Dj decks

tion UltramixX and *Dance Dance Revolution Ultramix* 2, released for the Xbox video game system. In January 2005, cumulative worldwide sales of the *Dance Dance Revolution* series had exceeded 7.5 million units.

In other words, Konami has been able to capitalize on the phenomenon by combining competition and dancing, beats and bits. Today, legions of fans take part in the *Revolution* and regularly visit websites like *Dance Dance Revolution Freak* (http://www.ddrfreak.com/) or *Bemani Style* (http://www.bemanistyle.com/). The latest episodes of this popular series, *Dance Dance Revolution Extreme* 2 (Konami, 2005) and *Dance Dance Revolution Ultramix* 3 (Konami, 2005), prove that this trend is not a one-hit wonder. On the contrary, the game has just begun.

Dance Dance Revolution Extreme 2 for the PlayStation2 features online play, making the dance duel a global competition rather than a localized experience. In addition to including features from the previous game, gamers now have the opportunity to participate in exciting head-to-head DDR online competitions. The 100 top scorers are recognized through an interactive ranking system, letting novice players test their dancing mettle against top-notch DDR experts. Players can also go online to access new challenge missions which will be refreshed periodically, allowing players a way to continually expand the DDR gaming experience. Keeping players on the dance mat is more than 100 minutes of energetic dance music, including exclusively-licensed dance hits as well as smash-hit songs, such as "Genie In A Bottle" and "Oops!...I Did It Again." Also adding to the impressive line-up of songs is

ticinque brani da ballare insieme alle mascotte Nintendo (Mario, Luigi, Toad, Waluigi, Wario, Bowser) – e per gli amanti del fitness c'è addirittura la possibilità di visualizzare sullo schermo un indicatore che a seconda del tempo trascorso a ballare, indica il numero totale di calorie bruciate!

Karaoke 2.0

Vanno per la maggiore, inoltre, le varianti di karaoke prodotte da Sony London e Konami. La prima ha introdotto *SingStar* (SCEE, 2003), un software munito di microfoni che trasforma l'esperienza del karaoke in una competizione a punti. Le più recenti varianti (*Party*,2004 e *Pop-*

Sopra/Above: Beatmania

Sotto/Below: Dj decks

new music by the famous video game musician Yuzo Koshiro, whose credits include composing music for hit games such as *Streets of Rage* series, *Revenge of Shinobi* and *Shenmue*.

Dance Dance Revolution ULTRAMIX 3 pushes the boundaries of Xbox Live to deliver the ultimate online dance experience. This feature allows players to compete online and go head-to-head with other DDR fans from around the globe, talk live to other DDR players as well as download new songs and other content. *ULTRAMIX 3* also features never-before-seen offline modes that cater to the casual, beginner and advanced dancers. 'Freestyle Mode' lets newcomers to the series dance to any song without having to follow specific dance steps on the screen. Although players are not beholden to any choreographed moves, the game recognizes their dance patterns and rewards players for completing different step combinations. More seasoned players can enjoy the 'Quest Mode' where they travel from city to city and build the ultimate dance team by completing challenging songs and routines. Turning the Xbox into the ultimate music machine, the game's 'Jukebox Mode' allows players to enjoy more than 65 upbeat tracks from the game and use them as background music. DDR also returns with the classic 'Workout Mode,' which gives gamers a method to track the progress of their dance/exercise routines and see how many calories they have burned.

Even Nintendo jumped on bandwagon by producing *Dance Dance Revolution: Mario Mix* (Nintendo, 2005). Developed by Konami, this game features the Italian plumber, Mario, in a frenetic electronic dance. The twenty five tracks available

star World, 2005) hanno ulteriormente ampliato il successo della serie di *party game* musicali. I giochi *SingStar* sfruttano una tecnologia innovativa per offrire un'esperienza canora unica: il software è infatti in grado di valutare in tempo reale la destrezza vocale del giocatore, visualizzando per mezzo di un diagramma sia il livello d'intonazione che il tempismo nell'esecuzione. Le ultime versioni supportano anche la webcam USB EyeToy, grazie alla quale i giocatori possono vedersi in televisione mentre cantano dal vivo, con nuovi effetti grafici davvero scenografici. Konami propone invece *Karaoke Revolution Party* (PS2, Xbox), un videogioco che combina il canto con il ballo, unendo così la formula di *SingStar* a quella di *Dance Dance Revolution*. Sviluppato da Harmonix, la software house americana che ha realizzato gli splendidi *Frequency*, *Amplitude* e *EyeToy AntiGrav*, *Karaoke Revolution Party* consente ai giocatori di cantare una versione remix di "Take on me" degli A-Ha mentre saltellano forsennatamente sul tappetino munito di sensori. Non si uccidono cosi' anche i cavalli?

Harmonix ha inoltre sviluppato *Guitar Hero* (www.guitarherogame.com), una variante del celebre *Guitar Freaks*, coin-op di Konami di grande successo in Japan. Prodotto da Red Octane, *Guitar Hero* permette di suonare con una chitarra di plastica brani rock vecchi e nuovi, come l'intramontabile "Smoke on the Water". Il giocatore deve ripetere la sequenza di note che salgono dalla parte inferiore dello schermo. Sempre Red Octane ha in cantiere *In the Groove* (www.inthegroove.com), un dance game che utilizza la maggior parte dei tappetini disponibili in commercio. Mastiff propone *Pump It Up: Exceed*, traduzione domestica di un dance game coreano di

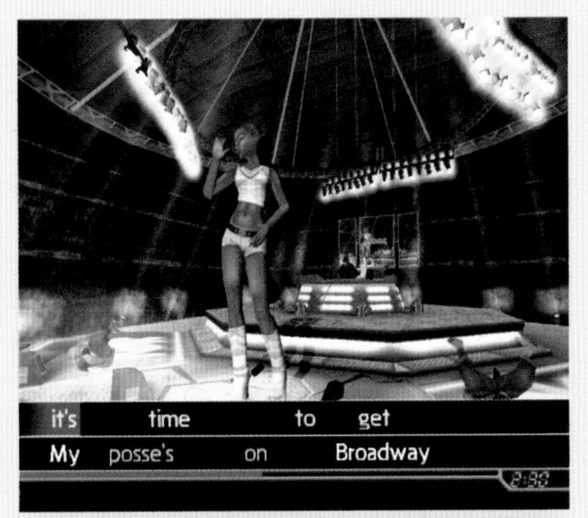

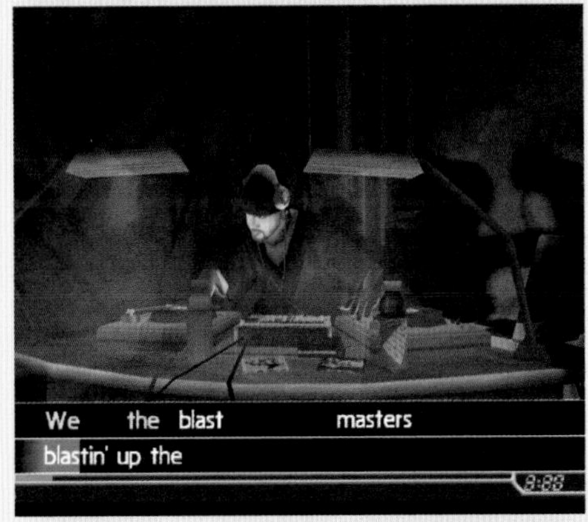

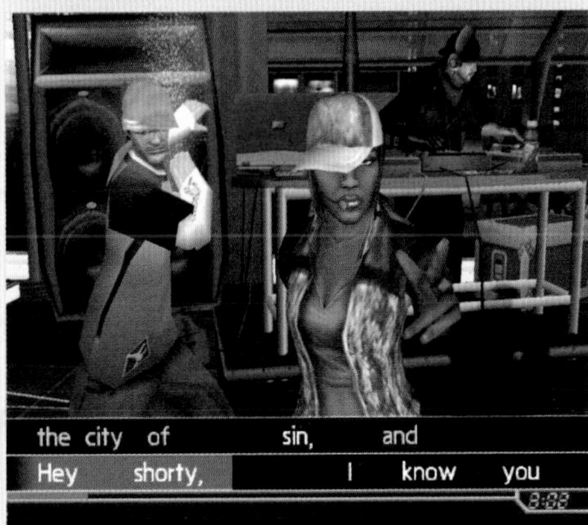

Get On Da Mic

can be played with all the other Nintendo's characters: Luigi, Toad, Wario, and Bowser. In *Dance Dance Revolution: Mario Mix*, players clear levels by performing the correct steps. Once they clear all the levels in a particular world, they'll collect a Music Key. By collecting all the Music Keys the players can win. Players control *Dance Dance Revolution: Mario Mix* by stepping on different arrows on the Action Pad. Players can finally experience the thrill of stomping Goombas and other enemies firsthand. As players clear songs, they will unlock more songs, mini-games and difficulty levels. This revolution is being televised and is getting bigger with every iteration.

Karaoke 2.0

Equally popular are karaoke games developed by Sony Computer Entertainment London and Konami Japan. In 2003, the former has introduced the highly successful *SingStar* (SCEE, 2003), a software application equipped with two mics that transforms the karaoke experience in an intriguing competition. The most recent variants, like *SingStar Party* (2004) and *SingStar Popstar World* (2005), have further broadened the appeal of the game. The *SingStar* titles use an innovative technology to deliver a unique aural experience. The software can measure in real time the vocal dexterity of the player, both the intonation level and his execution timing. The latest versions also support the webcam EyeToy, so that the players cansee themselves on the television screen while they sing live.

Konami, on the other hand, has recently introduced *Karaoke Revolution Party*. Developed by American software studio Harmonix (the maker of such underrated masterpieces as *Frequency*,

Dance Dance Revolution game

Amplitude, and *EyeToy AntiGrav*, all exclusively available on the Sony PS2), *Karaoke Revolution Party* combines the popular microphone-controlled sing-along *SingStar* formula with *Dance Dance Revolution*. Along with singing the songs, *Karaoke Revolution Party* also requires players to hit their marks on the pads as well as the notes on the screen. Along with the trademark vocal lines that scroll across the screen there are now occasional directional arrows to tell gamers when to jump on a particular direction. This is far from the aerobic insanity of the *DDR* games which can easily build up a sweat as dancers frantically try to keep putting their feet in the right place. Instead, the mode looks to be more of a light choreography addition to the game. The insane *Karaoke Revolution Party* features fifty (!) tracks that include classics like "Take on me" and "Do You Really Want To Hurt Me" as well as modern hits like "Crazy in Love" and "I Don't Wanna Be".

Harmonix has also developed the insanely entertaining *Guitar Hero* (www.guitarherogame.com). Drawing its inspiration from *Guitar Freaks*, an arcade game that Konami never brought to the West, *Guitar Hero* lets the player rock out to guitar hits like "Smoke on the Water". The player uses an elaborate plastic guitar controller that straps over the shoulder. Notes come down from the bottom of the screen, the player needs to push the appropriate button on the neck of the guitar, then "strum" using a lever on the body. On sustained notes, the player will be able to use a whammy bar for extra realism. The game will be published by Red Octane, which is also offering a dance pad game called *In the Groove*. Meanwhile, Mastiff and Mad Catz (the maker of a very

enorme popolarità. Il gioco sfrutta un *dance mat* sviluppato appositamente da MadCatz, simile a quelli già disponibile per *Dance Dance Revolution*, ma con quattro pulsanti disposti a "X". E MadCatz, da parte sua, sta per lanciare *Country Dance Craze* per Xbox, il primo dance game dedicato alla musica country. Un doppio tappetino consentirà ai ballerini virtuali di imitare le mosse delle più popolari ballate. Nintendo, nel frattempo, sta ottenendo uno strepitoso successo con la serie di *Donkey Konga*, ormai giunta al secondo capitolo, un music game che chiede al giocatore di interagire con il celebre scimmione battendo le mani su dei bonghi.

EyeToy, EyeDance

Con la webcam da collegare a PlayStation2 Eye Toy, Sony Computer Entertainment ha rivoluzionato il settore delle interfacce da gioco, inventando un nuovo modo di giocare e di ballare. Si penasi a *Eye Toy: Groove* (Sony, 2003), che chiede al giocatore di muoversi a tempo improvvisando movimenti da ballo, agitando non solo le braccia ma anche il bacino ed il resto del corpo. Sullo schermo sono visualizzate diverse mini-zone che si illuminano a intervalli random che vanno 'colpite' con le braccia.

A seconda dei casi, occorre prodursi in un movimento veloce, agitando le mani freneticamente o facendole scorrere verticalmente come se si nuotasse. Dopo un po' di pratica ci si potrà cimentare in giravolte e balli sempre più acrobatici che verranno premiati con dei bonus a seconda della difficoltà del movimento. Venticinque brani selezionabili, firmati da artisti come Madonna e Jamiroquai, da ballare in modi sempre diversi. Per giocare e divertirsi in compagnia degli

Dance Dance Revolution Extreme

popular series of game accessories, including dance pads) have joined forces to create *Pump It Up: Exceed*, the first home version of the popular Korean-developed arcade dance game. The pad is similar to the standard DDR controller, but features five buttons, arranged in an X pattern as opposed to DDR's simple up-down-left-right configuration. Moreover, Mad Catz offers a title called *Country Dance Craze* on the Xbox. The game is played with a double-wide control mat that allows the player to learn authentic country line dances.

EyeDance, EyeToy

Since the introduction of the USB webcam EyeToy, Sony Computer Entertainment has revolutionized the interface game, inventing a new way of interacting with electronically generated images. It comes as no surprise that Sony used its popular accessory to reinvent the music game genre. With *Eye Toy: Groove* (SCEE, 2003), players dance in front of the webcam, becoming one with the television screen, so you can watch as you make a fool of yourself. The game features twenty five irresistible tracks and a 'workout' game mode that allows the players to burn more calories as they move frantically. *EyeToy Groove* includes a multiplayer mode: two friends can challenge each other or take part in a massive competition based on dexterity and originality.

The virtual DJ

In 2004, Sony Computer Entertainment introduced their first music mixing software, *DJ: Decks & FX*. Developed by Brighton-based Relentless software, *DJ: Decks & FX* allows wannabe DJs a chance to get behind virtual decks and mix like

amici, *EyeToy Groove* prevede diverse modalità multiplayer: c'è la possibilità di giocare insieme ad un amico, fianco a fianco, o di competere tutti contro tutti in una sfida basata sul senso del rio e sull'originalità dei movimenti. Anche in questo caso è presente l'opzione "workout" che consente di bruciare più calorie mentre ci si dimena come degli ossessi.

DJ virtuali, Remix reali

Per gli appassionati di electronica Konami porta finalmente su console il celebre *Beatmania* (PS2 e Xbox), un grande successo da sala– di cui esistono almeno venti differenti versioni. Si tratta di una versione extreme di *Dance Dance Revolution* che non si gioca con i piedi, ma con le dita: le note cadono dalla sommità dello schermo, come i tetramini di *Tetris*: il giocatore deve premere dei pulsanti e fare scratching un *turntable* sviluppato *ad hoc* e incluso nella versione per PlayStation2. Da parte sua, Sony ha introdotto *DJ Decks & FX* (2004), un software che trasforma la console in un paio di piatti e mixer. Il giocatore diventa un vero e proprio DJ, in grado di mixare a piacimento brani e sounds. Ma *DJ Decks & FX* è anche campionatore, beat box e generatore di effetti speciali. Il funzionamento è molto semplice. L'utente può mettere sui piatti virtuali una delle oltre 70 canzoni disponibili, selezionate fra i maggiori successi dance degli ultimi tempi (da Dimitri from Paris a Masters at Work) e che includono pezzi 'acappella' e loop strumentali, e mixarle con una seconda canzone in maniera semplice e immediata: il software è stato infatti programmato per riconoscere all'istante le battute di ogni canzone e nelle fasi di mixaggio regola automaticamente la velocità di riproduzione dei dischi per rendere il mix fluido. Una volta che un disco gira sul piatto non occorre fare altro che campionare un pezzo della canzone

a pro. The player can select tracks from a well-stocked record box, mix beats, add effects and even record and replay samples from the many tunes at his disposal. By utilising the USB headset the player can even listen to individual tunes on one deck or check on recorded samples while the adoring crowd hear the full impact of the player's DJ set coming out through the speakers. The Italian version of *DJ: Decks & FX* was sponsored by DJ Claudio Coccoluto.

Meanwhile, Konami has finally introduced in the West, *Beatmania*, a game that's been popular in Japanese arcades since the mid-'90s. Deemed as "the first DJ simulation created for the PlayStation2", *Beatmania* plays like an intensely fast electronica version of *DDR* controlled with the fingertips, as notes fall from the top of the screen, the player taps buttons and scratches a "turntable" on a special tabletop controller (included with the PlayStation2 software). Providing an unparalleled interactive audio and visual experience, *Beatmania* actually lets gamers create and perform their own tracks as it brings the pulsing energy of the club into the home. *Beatmania* combines high-energy pulsating music with cutting-edge videos, allowing wannabee DJ's the ability to create and perform music. Unlike complicated sequencers or software that allow users to drop in samples and play them back, *Beatmania* is completely designed as a videogame – with an emphasis on having fun and feeling the music. Utilizing a specially designed controller that features a turntable, players must mix and perform music in real-time by hitting notes that appear on screen and scratching the turntable at the right time. *Beatmania* features more than 50 club tracks, including pop, techno, drum 'n bass, trance and house, and includes exclusive songs from some of the hottest DJs and remixers in the scene.

e "eseguire un loop", ovvero suonare quel pezzo a ripetizione, allungando a piacimento il mix. Se si vuole poi aggiungere il proprio tocco personale, *DJ Decks & FX* permette di accedere a un generatore di effetti con cui modificare e distorcere campionamenti ed effetti vari, e a una *drum machine* completa, con cui generare una base *ad hoc*, da affiancare magari ad uno dei pezzi acappella. L'edizione italiana si avvale di un testimonial d'eccezione, Claudio Coccoluto.

Per restare in tema, non vanno infine dimenticati quei giochi che usano la componente musicale a fini ludici e non di mero supporto. Uno su tutti: *Get on da Mic* (Eidos, 2004), sviluppato da Artificial Mind and Movement per PlayStation2. Si tratta del "primo karaoke game hip hop", che consente di registrare brani cool e realizzare video, per poi esibirsi davanti a migliaia di fans. Una quarantina di brani disponibili tra cui pezzi firmati da Dr. Dre, Jkwon, Missy Elliot, Lil Kim, Tupac e altri. Compatibilità con EyeToy e personalizzazione estrema dei personaggi. *Last but not least*, la logica del remix – che da sempre contraddistingue la musica elettronica – ha contagiato anche migliaia di giocatori che ri-arrangiano, modificano e distribuiscono in rete il soundtrack di videogames vecchi e nuovi. I siti più importanti sono *Videogame Music* (http://www.vgmusic.com/) e *OverClocked Remix* (http://www.ocremix.org/).

Oggi, la musica si gioca.

MATTEO BITTANTI è uno studioso dei media che si interessa in particolare dell'intersezione tra arte, tecnologia e cultura pop. La sua ricerca è orientata sulle implicazioni culturali, sociali e teoriche delle tecnologie emergenti, con un'enfasi particolare sulle interrelazioni tra la cultura pop, la cultura visuale e l'arte. È l'autore di vari libri e saggi sui videogiochi, il cinema e la cultura del consumo. Il suo sito personale è Mattscape (www.mattscape.com). E-mail: mbittanti@libero.it

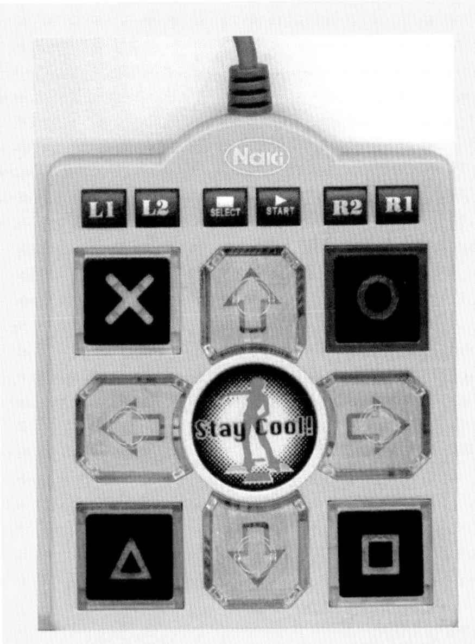

Finger Dance Revolution

Hip hop is also featured heavily in videogames these days. Not only as a soundtrack, but as a game theme. Take, for instance, *Get On Da Mic* (Eidos, 2004). Developed by A2M (Artificial Mind and Movement) the game is the world's first ever hip hop karaoke game. The game allows players to live the fantasy of rap superstardom, embracing the famous excesses of the hip hop lifestyle along the way. *Get On Da Mic* requires wannabe rappers to wow the crowds with your 'dope' rapping style as they go from the street, play "da clubs," record at the studio, and shoot the video. Finally the player must perform in front of thousands of fans in order to acquire the outrageous material wealth that comes with success. Powerful producers, shady agents, and innumerable groupies line the road to fame. *Get On Da Mic* features 40+ songs including tracks performed by well known rap artists including: Dr. Dre, Jkwon, Missy Elliot, Lil Kim, Tupac and many more customizable characters. Moreover, the *de rigoeur* EyeToy compatibility allows the players to watch their performance on the TV screen as they rise up the charts. Last but not least, videogame soundtrack remixing has become a popular activity among teenagers. Websites like *Videogame Music* (http://www.vgmusic.com/) and *OverClocked Remix* (http://www.ocremix.org/), host hundreds of remixes of new and old videogames, created by fans for fans.

In the digital world, music has become a game.

MATTEO BITTANTI is a media practitioner/theorist who investigates the intersection of art, technology, and popular culture through critical writing. His research focuses on the cultural, social and theoretical aspects of emerging technology, with an emphasis on the interrelations of popular culture, visual culture and the arts. He is the author of several books and essays on videogames, cinema and consumerist culture. His personal website is Mattscape (www.mattscape.com). E-mail: mbittanti@libero.it

teis albers, hypnoteis . the netherlands